哲学の始原

ソクラテスはほんとうは何を伝えたかったのか

八木雄二 *Yuji Yagi*

春秋社

はじめに

かつて古代ギリシアで次のような対話が交わされた（クセノポン著『ソクラテスの思い出』第一巻の二より）。

アルキビアデスという名のイケメンの若者と、ペリクレスという大政治家のあいだで交わされた対話である。当時アルキビアデスは、巷で評判になっていたソクラテスの問答のやりかたを見習っていた。

「言ってください、ペリクレス、あなたはわたしに法律とは何であるか、教えてくれることはできますか」

「ああ、できるとも」

「では、ぜひ教えてください。わたしは世間の人が法律を守るから感心だとほめられているのを聞くと、法律とは何であるか知らない者はこの称賛を受ける資格がないと思うんです」

「君の望んでいることは何もむずかしいことじゃない、アルキビアデス。君は法律とは何であるか知りたいと言う。法律とは民衆が会議で決定し、そして文書に書き、なすべきことと、なすべからざることとを明らかにしたものをすべて言うのだ」

「善をなすべきだと考えるのですか、それとも悪をなすべきだと考えるのですか」

「そりゃあ君、もちろん、善だ。悪ではない」

「ですが、民衆ではなく、寡頭政治（著者註：少数政治、現代であえて言えば官僚政治）の国で見るように、少数の人々が集まってこれこれの行為をすべしと明文にしたものは、これは何ですか」

「国家の主権者が熟考して、そしてこれこれの行為をすべしと明文にしたものは、すべて法律と呼ばれる」

「では、民王（著者註：独裁者）が国家の主権者であって、市民のなすべきことを決めて明文にしたものは、これも法律ですか」

「民王が明文にして宣布するものも、これも法律と呼ばれる」

「圧制と無法とは、これはなんですか、ペリクレス。強者が弱者に対し自分が好きなことを、説得を用いないで強制的に強いることではないんですか」

「そうだね」

「そうすると、民王が国民を説得しないで行為を強制する明文を宣布したら、これはみな無法ですか」

「そうだね。わたしは民王が説得を用いないで明文にして出したものは法律であるとの答えを取り消そう」

「少数の者が多数の者を説得を用いないで強制する法文を出したら、われわれはこれを圧制と言っていいのですか、いけないのですか」

「人が他人に説得を用いないで行為を強制するのは、明文にしてあろうとなかろうと、いずれも圧制であって法律ではないとわたしは思う」

「そうすると、民衆が資産家に対して権力をもち、説得しないで法文を作ったら、これも圧制であって法律ではないのですね」

「いやアルキビアデス、われわれも君の年頃にはこうしたことに俊敏をひらめかしたものだ。いま君が念頭においているように見える同じ問題を、われわれも念頭におき、そして理屈をこねたものだ」

「ああ、ペリクレス。あなたがこうしたことにもっとも俊敏であった頃に、一緒になって見たかったですね」

このように対話の最後はイケメンの皮肉で終わったのであるが、大政治家がどんな顔をしたかまではわからない。

とはいえ、この議論を読者諸氏はどう思うだろうか。

当時対話がなされたアテナイの町は法治主義の都市国家だった。その法律をつくっているのはだれか、というのが、つねにその政治の実体をあらわしている。民衆なのか、社会の上位の少数者なのか、それとも独裁者なのか、である。日本では多くの法律が官僚によってつくられている。国民を代表する議員によってつくられる法律はきわめて少ない。

ところで民主主義（デモクラシー）の政治制度は古代ギリシアに淵源する。そして民主体制のもとでソクラテスの問答が数十年にわたって市井でくりかえされ、それをまねた若者が巧みな弁説で衆愚政治を招き、アテナイはスパルタに敗けたと噂された。以来、ヨーロッパの人々は多くの経験を積み、議論を重ねてきた。

民衆の意見を汲んでいては政治は衆愚政治となり、安定した国家運営はできないのかどうか。

かといって、民主制のほかに「この制度なら正義の実現は絶対で、安心できる」という答えを見つけた人もいない。その意味では、社会制度に絶対の答えはない。いま現在に生きるものたちのあいだで、論争を基盤にして、誤りや不足を直しつづけていくしかないのである。哲学もまた、古代ギリシアに淵源して、答えを探しつづけている人間生活の課題である。論争を基盤にして、その誤りや不足を直しつづけている。それが、正義に従った政治と哲学を人間のもとで実現するささやかな道筋なのである。わたしたちは神ではない。政治も法律も哲学も、いずれもつねに自分たちの論争によって支えていくしかない。

論争というと、わたしたちは「どちらについたらいいか」迷い、判断できなければ自分の立場が悪くなるのではないかと不安が先に立ってしまう。その不安から逃れるために、いきおい答えをほかの人に任せて、政治や法律や哲学から離れた暮らしを求める。しかし人間の暮らしから離れて人が暮らすことはできない相談である。人間の暮らしの根幹をつくるのが政治であり、法律であり、哲学であるとすれば、人はそこから離れて暮らすことはできない。そうであるなら、それらについて早めに知っておいたほうがよいはずである。答えはなくとも、なんとなく知っていれば、ふだん自転車をこぐことを、なんとなく自分の足に任せておける程度には、暮らしの根幹から離れずにいられる。

じっさい坂道に出くわして、あるいは人ごみに迷いこんで、自転車をこぐのも疲れることがある。それと同じように、政治について考えることは疲れる。哲学についても同じである。しかし自転車に乗ることがときに楽しく、すがすがしいことであるように、政治や哲学のなかで暮らしのすがすがしさに出会う希望がまったくないかと言えば、そうではない。

本書はかなり風変わりな入門書であるが、このようなスタイルが哲学のほんとうの姿を理解するための最上の手段と信じてのことである。

自転車も最後に頼れるのは自分の足だけであろう。本書が読者の思考の脚力を鍛える一助となれば、と願うだけである。

哲学の始原　目次

哲学の始原——ソクラテスはほんとうは何を伝えたかったのか

第1章　三種類の哲学

……………ソクラテス、プラトン、アリストテレス、エピクロス

1――哲学を学ぶために

ヨーロッパの哲学を学びたいと思う人間の意欲を萎えさせてしまうものは、それがかかえている歴史の長さだろう。ヨーロッパ哲学の歴史はおよそ紀元前六〇〇年から二十一世紀の現代にまで及ぶ。これではとても過去からじっくりと学ぶ気にはなれない。

歴史をふりかえれば、ヨーロッパの哲学は、古代にイオニア地方（地図参照）と呼ばれたギリシア植民市(1)ではじまり、ペルシア帝国の圧迫を受けてそこから移り住んだイタリア半島のギリシア植民市など、ほかの地域にもひろがり、ペルシアを撃退したアテナイ（現ギリシアのアテネ）の興隆にともなって、ソクラテス、プラトン、アリストテレスという哲学の三大巨頭に至った。

ソクラテスの時代にアテナイはギリシア諸都市間の長期の戦争（ペロポネソス戦争。紀元前四三一～四〇四）で疲弊し敗戦国となったが、それでも哲学はギリシアの文化都市アテナイに集中した。プラトンがひらいたアカデメイアの学園の影響力のもとに、アテナイを中心にして「哲学」が引き継がれ、古代のあいだ、アテナイはその後のヨーロッパ全体の「知」の伝統を決定してきた。

ヨーロッパの哲学を学ぼうとすれば、その歴史をひもとくことからはじめるしかない。たしかに現代は、全地球規模でみなが多くの共通の課題にぶつかっている時代である。したがって、現代のヨーロッパの哲学者が対象としている課題は、日本社会の人間にとっても緊急の課題だ。しかしそうであるとしても、ヨーロッパの哲学はその精神的土台をヨーロッパ自身の過去にもっている。つまり現代のヨーロッパが考察を始める土台は過去にあった考察の蓄積なのである。

数学や自然科学などは、現代においても変わらない人間の直接経験に根ざしている。そのため、かならずしも研究の歴史を学ばなくとも、現在の経験のみで基礎を学ぶことができる。しかし哲学はそういう科学とは違う。過去の歴史抜きに理解することはむずかしい。

哲学はいま現在の直接経験のみではなく、むしろ歴史的に変化をつづけてきたヨーロッパ文明世界の経験全体を対象にしてきたし、どの時代においても、それ以前の哲学を用いて哲学が発展した。中世までの哲学を土台に近代の課題に対処しているのが近代哲学であり、近代哲学を土台にして現代の課題に対処しているのが現代哲学である。したがって、その理解のためには、古代中世の哲学をあらかじめ知っていなければならない。

精神文化は目に見えないものであるだけに、その理解は容易ではない。歴史に名を遺したいずれの哲学者も、各人にとって最大の問題にとり組んだのであるから、その精神文化のありようもじつに深くて広いものになっている。しかもその内容は、かならずしも個人から離れた「哲学」の内部運動だけで理解できるものではない。「哲学」という一個の名で呼ばれても、個々人の現実の人生がもつ偶発性から独立したものではない。哲学が人間の精神文化であることを虚心に受けとめれば、それぞれの哲学者の人生がもった機縁によって、「哲学」もまたその内容を多様化してきたと考えなければならない。

2――予備的整理――三種の哲学

ヨーロッパ哲学の理解のためにはその過去を知っておく必要があると述べた。しかし、くりかえすが、問題はその歴史の長さである。二六〇〇年という長さは、見とおすのが困難になるほどの多様さと煩雑さを生みだしている。そこで蓄積された文書があまりに大量であるゆえに、いっそ多くを割愛したくなるのは人情だが、そんなことをすれば、かえって多様で複雑なヨーロッパの哲学は「わからないもの」になる。一〇〇のことがらを一で理解するのは、明らかに無理がある。多様で複雑な哲学の理解には、それなりの手立てが必要である。

せいぜい一〇くらいはもちだして、その一〇前後で一〇〇のことに見当をつけられるようにするほかない。

　この本では古代と中世の哲学を説明することで、ヨーロッパの哲学史の前半の理解を得られるようにしたいと思う。近代以降については、ほかの本にまかせたい。それでもヨーロッパ哲学の理解に必要な努力を十分に半減できるはずだ。

　さて、哲学で一〇〇を理解するために一〇程度のことがらが必要だとして、そのうちの三つをまず提示しよう。

「哲学」（ギリシア語「ピロソピア（philosophia）」）は、「哲学」というひとつの名で呼ばれている。そのために、内容も「ひとつ」であると見られがちである。しかし大局的に見れば、じつは三つの種類がある。この違いを見わけておかないと、かえって全体の理解が困難になる。つまりヨーロッパ哲学の全体が理解できるかどうかは、いささか乱暴に聞こえるが、この三つの種類の違いを理解できるかどうかだといえる。

　第一に見るべきは、ソクラテス（紀元前四六九〜三九九）が示した「問答」の哲学である。これはふたりのあいだで相互に相手の意見を批判的に検討するものであり、「知の吟味」ともいわれる。この種類の哲学は、欧米の哲学の現場に見られる「相互批判」の伝統、すなわち「討議」の伝統をつくっている。シンポジウムとかフォーラムとか呼ばれる場で行われている討議がこれにあたる。そこには先生と呼ばれる立場と生徒と呼ばれる立場の違いが見えない。意見がぶつかりあい、喧嘩しているようにも見える。

第二に見るべきは、ピュタゴラス（紀元前六世紀）、パルメニデス（紀元前五世紀）、プラトン（紀元前四二七〜三四七）の継承のなかで成立し、アリストテレス（紀元前三八四〜三二二）に受け継がれた種類の哲学であって、ヨーロッパ哲学の王道となっている流派である。この流派の哲学の特徴は、「上下に秩序づけられた二世界説」と「真理の探求」ないし「知の愛求」である。

あらかじめ述べておくが、学問上の「真理」とは「知識」である。また、「知恵」でもある。したがって、真理の探求と言われると同時に、この第二の流派の哲学は「知を愛し求める」哲学とも呼ばれる。アリストテレス流に言えば「知らんがために知る」である。このことばは「知る」ことを最高目的にすることだから、「知の愛求」と言わんとするところは変わらない。「哲学」を「愛知学」とか「愛智」と訳す場合、この流派の哲学を指している。

第三に見るべきは、もっとも古く紀元前六〇〇年頃以来、ミレトス市のタレスやエペソス市のヘラクレイトスなど、イオニア地方において生じ、とくにヘレニズム時代を経てローマ帝国の人々に継承された種類の哲学で、「自然理解にもとづいて思慮を深める」哲学である。この流派の哲学は当初水を原理と見たり、地水火風を原理と見たり、自然宇宙をそれ自身がもつ本性から理解しようとするものだった。したがって、どれも「自然学」を第一にもち、ヘレニズム期以降は同時に「人生教訓的」である。ヨーロッパではヘーゲルによって帝国支配下の「小市民的哲学」と見なされ、現代の専門家にはしばしば蔑視されてきた。しかし日本や中国の思想、あるいは、現代ヨーロッパ、および現代日本においても、この流派の哲学は、じつはもっとも人口に膾炙しやすい思想である。自然を語りつつ人生を語る、というのは、自然との共生を模索してきた日本人にとっては親しみやすいし、中国でも老子はその種の性格をもっている。したがってピロソピアを「哲学」と訳したとき[2]、この訳語から日本人が受けとる意味にもっとも近い哲学は、じつはこの種の哲学である。つまり自然を含めて広く知識を求め、付帯的に人間について内省する、という仕事をするたぐいの哲学である。

3――プラトン哲学のみがヨーロッパの哲学ではない

この三つの哲学はすべて同じ「哲学（ピロソピア）」の名で呼ばれ、そのために一般には同じ「ひとつ」のことがらとして扱われている。なおかつ地元のヨーロッパでは、プラトンの哲学、すなわち「知の愛求」が哲学の王道であり、それこそが唯一の真の哲学だという偏った理解が、専門家筋によってひろめられている。

プラトン哲学が王道となった理由は、ヨーロッパには、プラトン哲学がキリスト教神学と結びついてきた歴史があるからである。ヨーロッパ中世において、キリスト教が一大権威であったことはよく知られているとおりで、それゆえヨーロッパにおいて、古代、中世と、一貫して権威ある哲学の発展を導いてきた原動力は、プラトン哲学にある。しかしそのために、

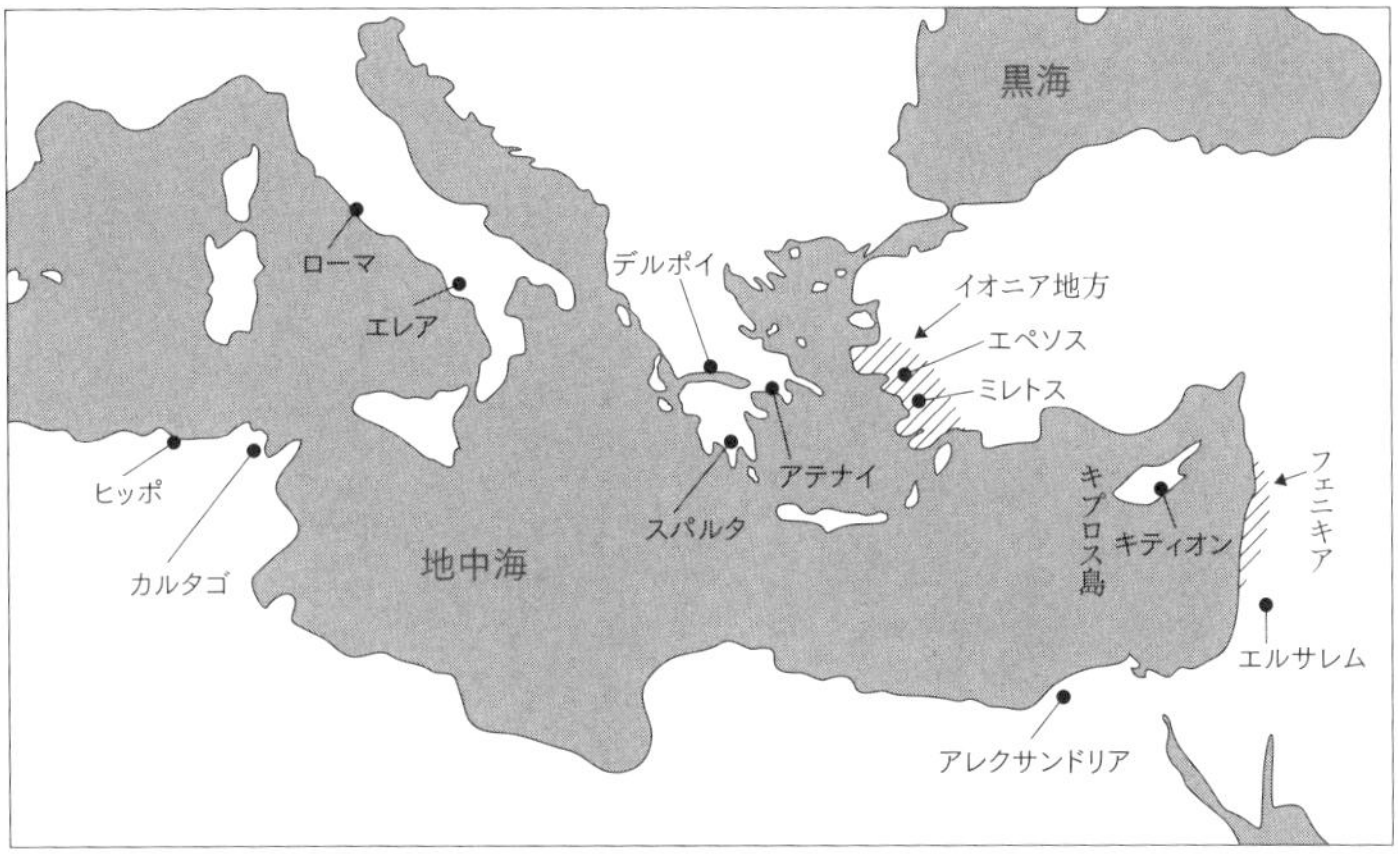

古代の地中海世界

ほかのふたつの哲学が過小評価され、多様である実際のヨーロッパ哲学の全体が、一般の日本人から見て、むしろ理解しにくいものになっている。

　また、プラトンはソクラテスの弟子でもあるので、プラトンは第一の流派、すなわち「知の吟味」も、アカデメイアで熱心に教えた。そのため第一流派の哲学は、アカデメイアの影響力のもとに、プラトン以降の哲学の流派のうちに、研究の方法としての「討議」という仕方で、顕著に含まれている。現代のヨーロッパの大学でもアメリカの大学でも、哲学の授業には討議が不可欠である。討議に参加できなければ哲学の才能はまったくないと見なされる。

　しかしソクラテスの「知の吟味」が欧米の哲学の現場において不可欠なものになったのは、プラトンがソクラテスと出会い、彼から哲学を学ぶことになったという偶発的な事情による。プラトンは真理を見定めるために「吟味」、すなわち「調べあげること」が必要だと考えた。そこでソクラテス流の徹底した「吟味」をとりこんで、真理探究の道に用いた。しかし、はたして知識ないし真理——あるいは同じことであるが、真実在——を知るうえで、ソクラテスが行った問答、「知の吟味」が本質的に不可欠なのかどうか。それは怪しい。

実際、もともとプラトンがはじめた「知を愛し求める哲学」、ないし「真理を探究する哲学」は、ピュタゴラスの数学的真理研究の流れをくむものであった。「哲学」（ピロソピア）について、自分は真理を知っているのではなく、それを求めているものだ、と述べて、知の愛求を哲学と呼んだのはピュタゴラスなのである。そのピュタゴラスは、「数」に天空の真理がつまっていると考えていた。宇宙の真理が「数のことばで書かれている」と言ったのははるかのちのガリレオ・ガリレイ（一五六四〜一六四二）であるが、彼の言葉は、ピュタゴラスの伝統精神の近代的表明と見ることができる。

ところで数学の研究は、数学の技術を知っていて、数学的真理を求める意欲があれば、それで十分である。数学者が紙とペンだけで、あるいは黒板とチョークだけで、数学の研究にいそしむ姿はテレビにもよく映しだされる。実際、日本人の大部分は「知の吟味」の経験がほとんどなく、いまだに討議に長けているのはごく一部にすぎない。にもかかわらず、数学研究やそれにもとづく現代科学の研究で世界的な研究を行っている日本人は大勢いる。つまり「知の吟味」を知らなくても、真理の探求において世界的権威であることは、しばしばある。この事実から察すると、知を愛し求める哲学の理解に「知の吟味」が必要不可欠であるとは考えにくい。ソクラテスの哲学は、プラトンの作品を通してみれば、一見、プラトン哲学の本質に属しているように見えるが、じつは別ものと見ることができる。

しかもソクラテスの哲学は、哲学の第三の流派に属するストア哲学の祖ゼノン（紀元前三三六〜二六四）を、哲学研究に誘ったものでもある。

アレキサンダー大王の帝国の影響のもとに紀元前三二三年にアリストテレスはアテナイを去った。このとき哲学の三大巨頭の時代は終わったと見ることができる。ある言い伝えによれば、その後しばらくたって商売のためにフェニキアの町からアテナイ市にやってきたゼノンは、店頭でソクラテスについての本を見つけて、「この人はどこにいるのか」と本屋の主人にたずねた。本屋の主人はたまたまそばを通った哲学者を指さして「あの人についていきなさい」と言った。このことから、ゼノンは哲学の道に入ったと伝えられている。

つまり第一の流派は、第二の流派だけでなく第三の流派の哲学に関しても、そのゆかりとなっている。それゆえソクラテスの哲学は、それ独自の魅力によって、ヨーロッパのすべての哲学流派に浸透したのだ。その独特の性格は、学園アカデメイアの歴史的成功を通じて、ヨーロッパ哲学の全体にほかには見られない独自性をもたらした。すなわち、「厳しい相互批判」を受け入れ、それをむしろ原理とする「哲学の現場」が、ヨーロッパやアメリカでは現代にまで、たしかなかたちで受け継がれているのである。

それゆえ、まずはソクラテスの哲学の「知の吟味」を見なければならない。ヨーロッパ哲学におけるその重要性は疑いようもない。しかし日本には「ソクラテスのインパクト」がなかったために、日本人の耳にはなかなか届かない。実際そのために、「フィロソフィ」の日本語訳も、一度は原語の意味を汲んで「希哲学」としたが、いつのまにかただ「哲学」になった。「希求」には「吟味」の意味が含まれていたが、その意味が日本人には判然としなかったからである。その点を明らかにしなければならない。そのあとで、プラトンの哲学を見る。そして、二つの哲学のあとに、第三のイオニア哲学の基本性格を見よう。繰り返すが、この三つの哲学を前もって区別し、整理すれば、それらの組み合わせで成立しているヨーロッパ哲学の全体が、はるかに理解しやすいものになるはずである。

4――ソクラテスという人物と彼の哲学

まずはソクラテスを説明しよう。ソクラテスは、プラトン（紀元前四二七～三四七）とクセノポン（紀元前四二七～三五五）によってじつに多くのことが伝えられている。それゆえ、古代中世のほかのどんな哲学者よりもよく知られている。しかしプラトンとクセノポンは同世代であるが、ふたりともソクラテスより四十歳あまり若かった。そのため、ふたりはソクラテス自身が哲学をはじめたと思われる二十歳ないし三十歳のころのようすは知らない。若者が年寄りの若いころの恋愛を知らないようなものである。プラトンとクセノポンのふたりが直接に知っていたのは、六十歳を超えたころからのソクラテスである。

しかし老年のソクラテスに独特の癖があったことがプラトンによって報告されている。それはプラトンの作品『饗宴』にある。ソクラテスはたびたび、ところかまわず人通りを避けてきわめて長い時間ひとりで立ちつづけていたという。またソクラテスは、六十歳を超えてもたいてい裸足でいたことや、長期にわたる空腹にも苦しまなかったともいう（スパルタとの戦争でアテナイは一か月ほど兵糧攻めにあった）。

これらは内容から見て、年をとって身につけたものではなく、若いころからそうであったに違いない。これらの行動を老年になってはじめるのは、肉体的に無理だと思われるからである。

ソクラテス

さらにデルポイ市にあったアポロンの神殿に彫られたことば「汝自身を知れ」を、ソクラテスが座右の銘にしていたことも、プラトンとクセノポンによって伝えられている。これは、ソクラテスが若いころから「己を知る」ことにとり組んでいたことを示している。ひとりで立ち尽くして考えていたことを考えあわせると、ソクラテスは若いころから何よりも「己自身を知ろう」と考えていたと推察できる。

では、彼は、自身の何を知ろうとしていたのか。

自分の性格とか運命とかではない。彼自身の言によれば、自分がどれだけのことを知っているか、またどれだけのことを知らずにいるか、ということであった。つまり自分がもつ知にこだわって、それを知ろうとしていたらしい。

裁判の弁明でソクラテスは、神託を受けとったとき、すでに「大なり小なり無知を自覚していた」と述べている。ということは、彼は遅くとも四十歳前後には、このような自覚をもっていたと思われる。彼は、多くのことがらのうちいくつかについては、「知らずにいる」ことを確かめてきたと言う。したがって、ソクラテスは若いころからずっと自分のもつ知識を吟味して、その結果として、さまざまなことについて、自分の無知を自分自身に対して、くりかえし明らかにしていた、ということになる。

しかもこの作業を、ソクラテスはだれかと討議（問答）して行っていたのではなく、自分ひとりのなかで行っていた、そう考えなければならない。なぜなら、プラトンやクセノポンが伝える「他者との問答」は、四十歳前後でソクラテスが神託を受けとったあとで、ようやくはじまったと思われるからである。それは『弁明』における彼の言から推測できる。

彼は神託の意味を知るために、本当に「いやいやながら」、あるいは「躊躇しつつ」他者との問答をはじめたと言っている。[3] そのときになっていやいやはじめたことが、以前からときどきなされていたと考えるのは不合理である（プラトンの対話編はそれ以前になされた著名なソフィストとソクラテスの問答を描いているが、そのほとんどがプラトンの創作であるというのが事実なのだ）。さらに彼が「ひとりで」長いあいだ立ち尽くしていることがよくあったというプラトンの報告であるが、この癖は、すでに述べたように若いころからのものだろう。かれはひとりでじっくりと考えていたのである。それゆえ彼が他人と問答をはじめたのは、彼が哲学をはじめた当初からではないと、あきらかに推測できる。

また、もしもだれかと討議することを通して、ソクラテスが共同で無知の自覚をもっていたとしたら、その人物もソクラテス同様に無知を自覚する哲学者として知れわたり、プラトンやクセノポンによってソクラテスと並び称されていただろう。しかしプラトンは、「ほかに同様の人間を見つけることができないほど特別の人間」（『饗宴』）と報告している。したがって、ソクラテスは、まずは自分のなかだけで自己の知の吟味を行い、神託を受けとったあとになって、人に問いかけて他者の「知の吟味」を行うようになったのであろう。そして自分ひとりでの「知の吟味」は、おそらく神託を受けたあともつづけられていたはずである。

これはソクラテスの哲学の本質（源泉）理解にかかわっている。ソクラテス自身が彼の哲学を説明している弁明の場でこれらに言及しているからである。他方、プラトンの行動や思索（哲学）は、これらのいずれもまねていない。プラトンは考察するときひとりで立ち尽くしていたとは伝えられていないし、「汝自身を知れ」を座右の銘にもしていない。プラトンはソクラテスの第一の弟子であるかのようにいわれることが多いが、意外にもプラトンの哲学には、ソクラテスの哲学の本質（本源）に一致するものがまるでない。

プラトンの作品の登場人物は、「知の吟味」をもっぱら、ふたり以上の人間が参加する問答ないし討議で行っている。これはソクラテスが神託を受けたあとにはじめたことを、神託の内容とは無関係なものとしてプラトンが受けとっていたことを意味する。

事実は、ソクラテスはみずから哲学し、「己を知った」あと、「無知の自覚」を得て、その後にデルポイの神託を受け、この神託によって他者との問答をはじめた。これに対してプラトンは、ソクラテスが人々に対してはじめた問答を若いころから見聞きして、それをまねて自分の哲学を語った。ソクラテスがそれ以前に行い、アポロンの神から称賛を受けた哲学の作業（自己の知の吟味）を、プラトンは直接には知らないのだ。

ソクラテスがひとりでしていたことは、かなり特別のことであったと思われる。じっさい「己がそれぞれのことについてどれだけ知っているか」を自分ひとりで吟味できる人は、彼のほかにいなかっただろう。

試験を受けて満点がとれなかったとか、本を読んで自分が知らなかったことがたくさんあることに気づいたといったことならば、たいていの人間が経験する。しかしそれは、自分が知っていることと知らないことを全体的に明らかにすることではない。「そのときまでは」自分が知らなかったものがあったことをあらためて知った、ということにすぎない。

知ってはじめて「それ以前は知らなかった」ことに気づいても、それは過去の時点において自分が無知であったことの自覚であって、ソクラテスのいう、いま現在の「無知の自覚」ではない。現在の自分がどれほど知った状態にあるのか、あるいは「知らない」状態にあるのか、それではまったく明らかにならない。過去の自分の無知に気づくことは、現在の自分の知と無知の境界が見えるということではない。

ソクラテスは、とにかく容易にはうかがいしれない方法で、孤独な作業のなかで己の無知を見定めるようになった。その後のことについては、裁判における本人の弁が教えてくれる（プラトン『ソクラテスの弁明』）。

あるとき友人のひとりカイレポンがデルポイの聖所に出かけていき、「ソクラテスより知恵のある者はいるか」とたずねた。巫女の口から出たことばは、「より知恵のあるものはいない」であった。カイレポンは、その神託をソクラテスに伝えた。驚いたソクラテスは、その神託の意味を知ろうと、巷で知者と思われている人々に質問を浴びせてみた。するとどの人物も、とり巻きの人々から知者と思われているし、本人もそうだと思っているが、じつは少しもそうではないことが（ソクラテスには）判明したという。

この経験が何を意味するかを考えたソクラテスは、結局、巷でとにかく人を呼びとめて質問を浴びせ、自分を知者だと思いこんでいる人に、本当は「知者ではない」ことを思い知らせることが、神から自分に与えられた自分の使命なのだ、と合点したという。それ以来、ほかのことはさておき、神を信じて、何よりもこの仕事を一生懸命につづけてきた、と彼は述べている。

5——ソクラテスの問答

ソクラテス本人の弁によれば、巷で人を呼びとめて問答するという仕事を、彼自身は楽しんでしていたわけではない。それは「気の進まない」ことであった。神の命令と考えて、使命感から行っていたという。

たしかに、ひとりで立ち尽くして自分の知や無知ばかり考えていた人間が、他人の知の吟味を楽しむことはなかっただろう。そんなことをしても何か新しいことを知るわけでもない。むしろ知恵や知識をただすことは、相手にきつい質問をすることになるので、たいてい相手から嫌われる。

知の吟味は相手に口頭審問を受けさせるようなものだから、そのじつ内心、知らないことを「教えてほしい」と思っていただけの人間はたじろぐほかない。これまでの生きかたを否定されるような質問、善悪についての答えられない質問を浴びせられて、自分がひどく無知な人間か悪人のように扱われたと感じ、あるいは他人の前で恥をかかされたと感じて、たいていの人は傷つく。ソクラテスの真実さに気づき、友好を求める人間もたしかにいたが、ごく少数にすぎなかった。

一方、プラトンたちのように、観客の気軽さをいいことに、ソクラテスが問答でほかの人間をやっつけていくのを見聞きして「おもしろがる」、あるいは「そのやりかたをまねたくなる」若い人たちは大勢いただろう。いかにもありそうなことである。

また、ほかの都市からやってきてソクラテスの問答を聞き、その論法を学ぼうとする、俗に言う「先生」たち、いわゆるソフィストたちもいたらしい。そのソフィストたちを通じて、賢人ソクラテスの噂がアテナイのみならず、かなり遠方のギリシア諸都市にまでひろがっていたことは、裁判におけるソクラテス自身の弁からもはっきりしている。

ソクラテスは裁判が終わり、死刑が決まったあとで、裁判員たちに向かってこう言っている。

「アテナイ人諸君よ、諸君は悪名を得て、とがめを受けるだろう。この国の人間を悪く言おうとする者に、あなたがたは知者のソクラテスを殺したというので、非難されるだろう(4)」

こういうことを公言しても、ソクラテスが笑われることはなかったようだ。そのくらい彼は、「知者」としてギリシア世界にその名をとどろかす有名人だったのである。

ソクラテスの問いはさまざまであるが、代表的な問いは、つぎのようなものである。

「靴屋や馬飼いになるのには、どこに行って学べばよいか、迷う人間はいない。靴職人のところへ行って学べば、靴をつくることができるようになるし、馬飼いのところへ行って、馬の育てかたを学べば、馬飼いになれる。そしてだれも、馬を御する術を学んでいない人間を馭者にやとったりしない。しかし自分の息子を国家の指導者にするとなると、どこへ息子をやればよいのか(5)」

人の上に立つ者になるためには、正、不正くらいは知っていなければならない。では、正しいこと（正義）を知るためには、どこに行けばいいのか。だれがそれを教えてくれるのか。それを見つけることは、やはり容易なことではない。

つぎのことを考えてみればよい。「故意に悪いことをする人間は悪い人間に違いない。ところで、つぎのことを考えておかなければならない。そもそも悪いことを知っている人間は悪い人間であり、よいことを知っている人間はよい人間ではないか。しかし故意に悪いことをする人間は、よいことを知っていて悪いことをする。他方、故意でなく悪いことをした人間は、よいことを知らないで悪いことをしたのだ。しかし、よいことを知っている人間がよい人間なら、故意に悪いことをする人間は、故意でなく悪いことをする人間よりよいことを知っているのであるから、よりよい人間だろう。だとしたら、故意に悪いことをする人間のほうが、そうでない人間よりも善い人間であり、したがってより国家の指導者にふさわしい、ということになるのだろうか(6)」

ソクラテスはこんな論を展開して人を混乱させていたのである。

多くの人々がおもしろおかしく、あるいは悪い意図をもってソクラテスの論法をまね、あちこちで使った。それが当時の穏当な人々に懸念をいだかせた。実際、世の中の大多数は、穏当な人々である。そしてその人々は、とくに疑うことなく、自分が子どものころに教えこまれたとおりに、わけ知り顔で「よいこと」「悪いこと」を息子に教え、のんきに暮らしていた人々だった。

どの社会にも長幼の序がある。年長者を敬い、偉いとされた人はそのまま、偉い人のままに敬う、ということを疑わずに生きる習慣である。

ソクラテスの問答は、「よいこと」のどれにも「疑い」を持ちこんだ。しかも、人の意表を突く問いに満ちていた。おそらく、ソクラテスがひとりで己の知を吟味していたときに見いだした論なのであろう。しかしその問いが若者のあいだで流行して、くりかえし論じられるようになると、社会の秩序を維持している長幼の序も疑われるのではないかという懸念が生じた。さらにソクラテスは、独特の問答で実際に社会の権威者たちを締めあげていた。それは反抗期の若い人にとって痛快なことだった。一般社会がその行為に懸念をいだいたとしても、おかしくはない。この懸念を背景に、ソクラテスは社会の良識の破壊分子として七十歳にして裁判にかけられ、自分の信念を曲げなかったために死刑になったのである。紀元前三九九年の春のことだった。

6――プラトンが理解したソクラテスの問答

ソクラテスの問答を興味深く聞いた若い人々のなかには、実際に政治的野心をもっていたものも多かった。たとえばアルキビアデスは、ソクラテスについて学んだあと、ペロポネソス戦争中、演説で大衆を扇動して大船団をシチリアに送りこみ、結果、アテナイの大敗を招いた。またクリティアスはアテナイの敗戦後スパルタの力を背景にして生まれた三十人僭主のひとりとなり、千人を超す人々を粛正し、さらにはかつての師ソクラテスまでも粛正しようとした。ソクラテスの問答は、まさに机上の空論どころか、ギリシア世界に動乱を引き起こしていたのである。

年齢的にその動きに一歩遅れたプラトンは、ソクラテスの裁判と死の惨劇に出会った。『ソクラテスの弁明』という作品は、プラトンが実際に裁判の場で、そこに集まっていた人たちと一緒になって聞いたソクラテスの弁明の記憶である。おそらく、プラトンにとって絶対に忘れることのできない弁論だったに違いない。

プラトンも当初は政治的野心をもっていたが、政治家になることをあきらめ、作家的素質を用いて、むしろ教育者としての人生を送ることになった。他方クセノポンのほうは、軍人になりたかったが、自国が敗戦国となって自国の軍隊では活躍できなかったので、スパルタの友人にさそわれてペルシアの軍隊に参加し、そのままアテナイには帰らなかった。クセノポンは外国でソクラテスが死刑になったことを聞き、驚愕し、万感をこめて『ソクラテスの思い出』を書いた。

アテナイに残って実際にソクラテスの弁明を聞いた哲学作家プラトンは、あらためてソクラテスの論法の本質を真剣に理解しようとした。そしてソクラテスの死後、その理解にもとづいて、いくつかの対話篇を書いた。

プラトンが理解したソクラテスの問答（デルポイの神託を受けとったあとになされた問答）は、およそつぎのようなものであった。

1　できるだけ短く質問し、できるだけ短く答えること。相手に質問の余裕を与えないような一方的な長時間の演説は控えること。言い換えれば、ことばの量で相手をやりこめない。
2　優劣を競うのではなく、対等の立場で、協力しあって、共同の真理を探究する。
3　相手の意見に従順になることで争いを避けてはならない。むしろ相手の誤り、不足、矛盾をどしどし指摘しあうのでなければならない。
4　相手から指摘された自分の誤りを認めざるをえなくなったとき、あるいは、こちらからの反論が失敗して自分の誤りが明らかになったとき、それは自分が誤り（無知）から解放されたことだと考え、むしろ喜べる人間でなければならない。

以上が、プラトンが見聞きしたソクラテスの問答に見られた特徴であった。

ソクラテスの問答では、一方的に語る演説は拒否される。短い問答でなければならない。ところが、学説をある程度の時間にわたって聞きあわせる「シンポジウム」が、学問の世界では「学説の吟味方法」として一般に受け入れられている。これについては説明しておかなければならない。じつはプラトンは『饗宴』という作品を書いている。そこに書かれた饗宴のやりかたが、のちに学問の世界にとりこまれ、シンポジウムとなった。それは数名の長い演説を聞き、そのあとで意見を交わすものであるから、シンポジウム形式はソクラテスの推奨した問答に反することは明らかである。したがってソクラテスの知の吟味は、学問における真理の吟味としてつねに用いられているかのように見えて、じつはときに応じて用いられる程度なのである。

実際、たとえば数学の定理の証明は、ひとりで試みられ、他の人はその全体を聞いたあとになって、その証明を吟味する。これは、演説を聞いたあとに検討する、というシンポジウムの形式に似ている。ソクラテスの問答のように証明の途中でいちいち他人の吟味が入るのではない。

したがってプラトンが学問のために確立した方法はむしろシンポジウムであって、ソクラテスが求めた問答の方法そのものではない。この違いは見落としてはならない。しかしいまは、プラトンが見聞きしてその特徴をとらえたソクラテスの問答の真の姿を追求しよう。

とりあえず、上述の特徴がプラトンの作品『ゴルギアス』（加来彰俊訳）に書かれたのは、プラトンがアテナイの郊外アカデモスの地に学園アカデメイアを開こうとする少し前のことであった。それ以前の作品『プロタゴラス』（藤澤令夫訳）には、問答についてのさらに生き生きとしたことばが見られる。

1　立派な演説はできるのに、いざ質問してみると、本のように黙ってしまって、答えられない人がいる。このような人は、問答ができるとはいえない[7]。

2　質問を受けて手短に答え、問いかけてから、相手の答えるのを待ち、それを聞き入れることのできる人でなければ、問答のできる人とはいえない[8]。

以上のふたつは、やはり問答を行う人がもつべき姿勢についてのものである。しかし、以下のことばは、人のもつ知性と、追求すべき知識（真理）というふたつに、等しく注意が向けられている。

1　わたしとあなた自身が吟味されるとき、ふたりによって議論されていることが、もっともよく吟味されることでしょう[9]。

2　わたしが吟味するのは、何よりもおたがいの説（ことば）そのものだが、それによっておそらく、わたしとあなたも吟味されるでしょう[10]。

3　自分自身のことばのなかで、おたがいの力量をためしためされつつ、自己自身のもっているものだけを頼りに、直接おたがいに向かって語りかけながら、真理とわたしたち自身をためさなければなりません。[11]

プラトンの記憶のなかでソクラテスの思い出がまだいきいきとしていたころに（『プロタゴラス』は『弁明』とどちらが先か諸説あるほどごく初期の作品である）、これらのことばは書かれた。そして、これらのことばが明らかにしているのは、問答によって吟味されるのは知識（それぞれが述べる説）だけではないことである。たがいのもつ知識を総動員して、たがいの意見の誤りを指摘しあい、吟味を行うとき、じつは、たがいの意見が吟味されているだけではなく、それを行っている本人たちの知性が、その真理にふさわしいだけの知性であるかどうかが調べられている、というのである。

もし問答で喧嘩になったり、自分の見解の誤りを指摘されて不愉快な思いをもつのであれば、その人はその知識（真理）に対して、ふさわしい力量の知性をもちあわせていない（その真理を所有するに値しない）、ということである。ところで、知性こそ、人が自分自身であることを誇っているものであろう。したがって、これらのことばは、プラトンがソクラテスの問答を「知識と知性（自己）の同時吟味」であると理解したことを表している。

プラトンは、ソクラテスの問答が知識の吟味であり、それゆえたんなる真理の追求に見えつつも、じつは知性（自己）の吟味であることを喝破した。言いかたを変えれば、どちらの知性がより多くの知識をもつか、あるいは、どちらの知性が相手を打ち負かすだけの説得力のある知識をもつか、という点で知性の優劣を競うことが問答の本質ではなく、その問答に耐え、その問答を受け入れられるかどうかにおいて、「ほんとうの自己が吟味される」ことがソクラテスの問答の本質であることをプラトンは明らかにしたのである。このときプラトンは、神託以前のソクラテスの秘密に近づいていた。

プラトンは裁判の弁明の場で、自他の知の吟味（問答）こそが人間にとって「最大の善行」である、とソクラテスが言っているのを聞いていた[12]。ソクラテスの問答が、太陽神アポロンの神の神託によることも聞いていた。その神殿（デルポイにあった）には「汝自身を知れ」という金言が掲げられていることも知っていた。

これらのポイントは重要である。のちにプラトンは、『国家』のなかで、「太陽の比喩」によって「善のイデア」を語った[13]。おそらくプラトンは、弁明の場で聞いたソクラテスの言葉を背景にしてその比喩を書いたと考えられる。すなわちその比喩は、プラトンが「善のイデア」を、まさにソクラテスの問答、知の吟味だと考えていたことを示している。

「太陽の比喩」は、目に見える事態によって目に見えない事態を表すものである。身体の目が何かを正確に「見る」ためには、対象物を見る目と対象物自身、このふたつだけでは足りない。それらとは別に、太陽の光が必要である。太陽の光に照らされて、対象物ははじめて目によく見える。

同じように、知性が対象を真実に「知ろうとする」ときも、知性とその対象があれば足りるわけではなく、「善のイデア」が必要であり、それによって知性は対象を真に「知る」ことができる。

つまり善のイデアは、知性が対象を誤って知ることがないように、知性と対象の両方を照らすものであり、知性とその対象（知識）に、それぞれの「善さ」を与える。すなわち「知る者にも知られるものにも真理を与える」という。

このとき「善のイデア」としてプラトンが考えていたものが、「ソクラテスの問答」であった。知る者とは、もちろん真理を知る知性自身であり、知られるものとは、知の対象である知識である。したがって「知る者にも知られるものにも真理を与える」とは、ソクラテスの問答、吟味を通じて、知性は真理をもつ知性となり、他方、対象の側にある知識も吟味を通じて真理をもつ、ということだと了解できる。したがってプラトンは、「太陽の比喩」によってソクラテスの問答が、ソクラテス自身の座右の銘「汝自身を知れ」、すなわち「己を知る」ためのものであると明らかにしたのである。

7――知の吟味の伝統

問答による「知識（各人の説）と知性（自己）の同時吟味」の伝統は、プラトンの学園アカデメイアを通じて、中世、そして現代にまで及んでいる。

紀元前一世紀、アカデメイアに学んだキケロは、作品『トゥスクルム論議』でつぎのように述べる。

相手が自分の見解を述べたあと、わたしがそれに反論する。ご存じのように、これこそ対論相手の意見に反論を加えるという、むかしのソクラテスのやりかたである。

キケロは、それまでローマの人々がギリシア哲学を嫌い、とり入れてこなかったことを憂いて、懸命になってその真の姿をラテン語でローマの人々に伝えようとした。そしてソクラテスの問答の精神を、まずは相手の意見に耳を傾け、それから反論する、という順序を守ることによって示した。

この順序は中世でも忠実に守られた。一三世紀トマス・アクィナスの『神学大全』をひもとき、どの箇所でもよいからひらいてみればいい。かかげられた問題に対して、まず「異論」と呼ばれる対論相手の意見がつねに紹介されているのを見ることができる。それは近代以降の哲学からは失われている哲学書の形式である。それゆえに近代以降の哲学書を読みなれた人間には、中世の神学はわかりにくく、奇妙にさえ思われる。しかし、それはソクラテスの問答、つまり相手の意見を聞き入れて、そのうえで反論する、というやりかたを忠実に伝えるヨーロッパ哲学の伝統なのである。

近代以降になると、少なくとも書物の上では、自分の意見が先に紹介され、対論はあってもあとまわしにされるようになった。しかし欧米の哲学教育の現場では、いまでも「討議」がさかんに行われている。

わたしがあるとき出会ったアメリカ人の英会話教師は、わたしが「哲学を学んでいる」と言ったら、「討議」(argument)のことか、と訊きかえしてきた。わたしはそのとおりだと答えたが、それ以上、具体的な哲学者の名をあげて研究内容を聞いてこなかったので、彼の哲学の知識はほぼ皆無だったのだろう。しかし彼のように哲学に無知であっても、アメリカ人ならたいていの人が、哲学とは討議のことであると知っているのである。

8――第二の哲学――「プラトン哲学」の出所

プラトンが政治家になる野心を捨て、哲学教育の道に進んだ機縁が、ソクラテスとの出会いにあるのはたしかである。しかしプラトンは、ソクラテスをまるまる受けとめたわけではない。実際、すでに述べたように、プラトンは「己を知る」ことを座右の銘にしていない。

彼がのちにアカデメイアの学園の門にかかげたのは、伝えによれば「幾何学を学ばない者はこの門をくぐるな」であった。プラトンはソクラテスの弟子ではなく、ピュタゴラスの弟子になったのである。しかもプラトンの性格は、むしろピュタゴラス派のパルメニデスの哲学詩に感じ入り、心を震わせる体のものだった。その詩が若いプラトンを「哲学」に引きこんだのである。

その詩は、哲学者（愛知者）パルメニデスが勇躍する叙事詩である。以下、井上忠訳（読書案内参照）によって概要を紹介する。

ある人物（おそらくパルメニデス）が馬を仕立てた一人乗りの馬車（当時の戦車）に乗り込み、暗闇に包まれた町を後にする。馬は天空に駆け上がる。疾駆する馬車の車輪は火花を散らして激しく回転する。すると乙女たちに守られた厳めしい門があらわれる。しかしその門の錠は、乙女たちがその門内の主、女神に開門を願うことによって、すぐさまはずされ、門の軸受けにきしりを響かせながら、重い門があけられる。過たず馬車はその門の内に闖入《ちんにゅう》する。すると女神のお出迎えがある。女神は正義の女神、裁きの女神である。よくぞ参られたと、女神はかれを歓待し、あなたに真理を教えましょうと言って、一見、不思議な真理を語る。

すなわち、「真理は不変、不動、不生、不滅、完全であって、球のようなものである。存在はただひたすら存在、無はひたすら無である。無から有への変化、すなわち生成はありえず、有から無への変化、すなわち消滅もありえない。そして真理は不動であり、場所を変える運動もありえない」。女神は、これらをよく心にとどめ、そののち、真理ではない思惑をも学びなさい、と語って、その後、天体の運動が不思議な仕方で語られる。

このパルメニデス作の哲学詩には、ピュタゴラス学派の数学理論を背景にした自然哲学が語られている。じっさい数学的真理なら、その真理は、パルメニデスの詩に言われているとおり、不変不動であるだろう。それが人間界で理論的に表示されたのは、時間軸上の「あるとき」であったとしても、その真理はもともと永遠の昔からあったものであり、「いつから」と規定することのできない不生のものであり、今後なくなることも考えられない不滅で永遠のものである。

したがって、パルメニデスの詩が語っていることは、数学的真理に関して言えば、なんら不思議なことではない。算術の真偽がずっとむかしから変わらないことぐらい、小学生でも知っている。「三角形」が三角形でなくなったことはない。ただそれが、詩のことばで、物体のように表現されることで、読むものは、特異な「真理世界」を心に刻印してしまう。

ピュタゴラスについての言い伝えも併せると、この学派は、地上の世界の出来事よりも天界を、見るべき美しい世界として考えていたようである。それはピュタゴラスが音階の協和（和音）の数学的比例を見いだし、それを天界的なものと見ていたらしいこと、魂の輪廻転生を認め、魂のふるさとを天界に見ていたと思われることと合致している。

パルメニデスの詩において、地上の人間界とは無知な人々がおおぜい住む町の世界であり、知については闇の世界である。そして空のかなたに、女神が真理を語る光に満ちた明るい世界がある。それがパルメニデスの描く真実の世界なのだ。

パルメニデスの世界では、このふたつの世界は、厳めしき門によって隔てられている。パルメニデス自身は、特別に、その門をひらいてもらい、楽々と通された。しかし、そこを通って天上世界をのぞくことができる人間は、特別の修練で浄化された特別の人間だけである。一般の人はそんな世界があるとも知らず、地上の暗がりで生き、あわれにも死んでいく。

パルメニデスは、いくつかの都市国家のために法律を起草したと伝えられている。このことから察すれば、彼は裁判の場における人間の醜い姿に飽きあきしていたに違いない。不正な人間ほど、嘘偽りを真実だと語ってやまない。あることをないと言い、ないことをあると言う。真実かどうかではなく、自分の言いぶんが通れば、それで「よい」のである。

彼の経験では、そういう軽蔑すべき人間は、町中の貧しい一般民衆のうちに、まさにうじゃうじゃと、数えきれないほどいたのだろう。彼らにおいては、あることとないこと、すべてがみそくそなのである。そこにあるのは「思惑」だけである。

プラトン

パルメニデスが「真理」が語られる天上界と地上界のあいだに、厳めしい門を置いたのは、真実を結審する裁きの場のきびしい境を示すものだったに違いない。事実、哲学詩が描く世界で彼を出迎えたのは、正義の女神であった。この女神は、裁きの女神である。法の裁きが真理を示す、というのがパルメニデスの詩であり、そこでは思惑を打ち消して、永遠不変の真理が判定され、思惑を排除して真理が厳しく確定するのである。

9――「プラトン哲学」の形成

プラトンは、数学あるいは幾何学による明晰な真理証明に感動したに違いない。そして、数学・幾何学の研究を専門とするピュタゴラス学派がもつ数学的英知を学んだのだろう。その英知は、パルメニデスが語るように、地上界と天上界というふたつの世界が、上下の秩序をもってあることを教えていた。それを教えられたプラトンは、真実在（イデア）を天上にあおぎ見る一方で、地上のものは、嘘偽りを一部含むが、一部は天上の真実在をわけもっている存在、つまり真偽をあわせ持つ仕方で存在すると見るようになった。地上でわれわれが見るものは、それぞれが持つ名で呼ばれるようなイデアをわけ持ちながら（分有ないし分与）、やはりイデアそのものではなく、生成消滅し変化するという劣った仕方で存在しているのである。

たとえば、馬は馬のイデアをわけ持ちつつ、それ自体は馬ではないさまざまなもの――毛や皮やひづめ――をもって、個々にわかれて存在している。勇敢な人は勇敢さをわけ持っているが、純粋に勇敢さそのものではない。人は個人個人それぞれの仕方で勇敢さをわけ持つ（分有する）だけである。それゆえ、実際に勇敢な人も、ソクラテスの問答において勇敢さそのものを説明できない（知らない）。プラトンはこのような理解をもつことで、ソクラテスから学んだ「無知」の事実（人間は徳について知っていそうで、じつは知らない）に納得したと推測できる。

そしてこの世界観を背景にしたとき、ソクラテスの「問答」は、精神の浄化の方策として理解されることになった。地上界の思惑に馴れ親しんでいる精神を天上界に向けるには、ピュタゴラス学派の考えでは、精神の浄化が必要だと考えられた。ソクラテスが述べたきびしい「問答」と「無知の自覚」は、ピュタゴラス学派をまねようとしたプラトンによって、「知の愛求」を始める前の精神の「浄化」と考えられたのである。知の吟味を受けて、「自分は知らなかった」と自覚することによって、人は謙虚に真実を学ぶことができる、とプラトンは考えた。パルメニデスの詩において天駆ける戦車に乗りこむ勇者になるためには、ソクラテスが述べた「問答を通じた無知の自覚」は、まことにふさわしい精神の浄化だ、とプラトンは考えたのである。

以上のような考えのもとに、プラトンはピュタゴラスにならって、「哲学＝ピロソピア」を、いまは知恵をもたないが、「知恵を愛し求める」活動であると定義した。この場合の「知恵」は、天上の神がもつ知識であり、パルメニデスの言う真理であり、存在である。プラトンによれば、哲学とはそれを探究することである。

プラトンはさらに、ソクラテスの教育熱を「少年愛」に見立て、知恵を求める愛を「エロス」の愛、恋愛的な愛と同一視した。しかしこれもおそらくプラトンの独創ではない。じつはパルメニデスも、知への愛求を「エロス」と見ていたと思われるふしがある。[14] したがってプラトンは、ここでもパルメニデスにしたがっているだけかもしれない。

しかし一方でプラトンは、『パイドロス』[15]で、自分の哲学解釈を特殊なものと認めている。実際、ピロソピアの「ピロ」は、本来のギリシア語で言えば「友情」の愛であり、私利私欲を超えた愛を意味する。すなわち、ことばの本来の意味では、哲学は「知恵を大切にする」という程度のことである。プラトンはこれを、イデアの知の尋常ではない探究、すなわち「神の知を愛し求める狂気のごとき愛」と、詩人の興奮を交えて言い換える。[16] プラトンはその才能からして詩人であったので、パルメニデスにならいつつ、さらに強力な哲学の「神話」をつくったのである。こうして熱意のこもった「知の愛求」という哲学の理解が生まれた。

10——プラトンによる「哲学の技術化」

プラトンの時代、すでに数学はピュタゴラスの名のもとに技術化し、医学はヒポクラテスの名のもとに技術化して、それぞれの研究は次代に受け継がれていた。実際、科学知は、規則性をもつ道筋を明らかにして「技術化」がなされないと、次代に受け継がれて発展していくことができない。すなわち広義の科学は、後代に受け継ぐ道筋（方法）を明確にもつことによって、はじめて個人から独立した科学となることができる。それゆえ、哲学も科学となるためには技術化が不可欠であるとプラトンは理解し、学園アカデメイアをひらいたのである。

プラトンによれば、ソフィストが教える弁論術は、人々の思惑（単なる個人的意見）を自分の思惑どおりに誘導する言論の技術（アリストテレスでは「詭弁術」と呼ばれる）であった。言い換えると、自分の利益を言論の力で得る技術であった。これに対して哲学は、真の弁論術であり、「言論で真理を見いだし教える技術」であるべきだとプラトンは考えた。まじめなプラトンは、言論を私利私欲のために用いるソフィストの弁論術に我慢ができなかったのだろう。

それゆえ彼は、哲学を真理を獲得する技術として、はっきりソフィストの弁論術（詭弁術）と対立的に区別して確立しなければならないと考えた。ソクラテスがソフィストの同類とみなされて死刑となったことを目にしたプラトンは、これを一生を賭けた仕事であると考えたに違いない。

彼の作品『パイドロス』が設定するソクラテスとパイドロスの談話の場は、夏の日ざかり、アカデモスの地と思われるアテナイ郊外の土地である。そこにはすがすがしい詩的香気に満ちたソクラテスがいる。見方によっては、処刑されたソクラテスの魂が、そういうのどかな場所によみがえって、自分がひらこうとしている学園の誕生をいっしょに喜んでほしい、というプラトンの思いを反映しているようでもある。

そして作品『パイドロス』[17]において、プラトンは哲学を、数学や医学と並ぶ技術（テクネー）とするための指針を示す。

1　対象の本性をひとつにまとめる。
2　対象の本性を分類・枚挙する。

プラトンは、哲学を「技術」すなわち「科学」とするためには、このふたつをなしとげなければならないと考えた。そして、それはなみなみならぬ労苦を払うことだと言っている。

11――アリストテレスの『形而上学』

実際、この仕事はアリストテレスの代に至って、ようやくあるかたちを見た。それがアリストテレスの『形而上学』である。そこでは、哲学は自身の対象の本性を「存在」一般とする。哲学の対象の本性が「存在」という名で、ひとつにまとめられたのである。こうして哲学を技術とするための第一条件がクリアされた。数学その他の学は形而上学の下にある学であるとされた。さらにアリストテレスは、諸存在を存在一般の原因や原理から説明できなければ学とは言えないと考え、運動変化を説明する原因として「四原因」を数えあげ、それと併せて、述語形態としての原理として「十個の範疇」をまとめた。こうして第二の条件もクリアされた。

すなわちアリストテレスは、運動変化を引き起こす原因の種類を四つ、すなわち、質料因、形相因、起動因、目的因と、分類枚挙し、同時に、真実存在と言われる「実体」をめぐる述語群をとりあげ、一〇個の範疇（述語形態＝「である」の形態）を分類枚挙した。[18]

アリストテレスが「運動変化の原因」を分類枚挙したのは、彼がプラトンから離れて、「自然存在の運動変化の原因」の研究を形而上学の基礎に置いたからである。すでに述べたように、パルメニデスは、地上界の思惑は真理研究の土台にはならないと見た。これに対してアリストテレスは、自然物の研究は、むしろ天上界を含めて、真理の研究の確かな土台になると考えたのである。

プラトンはパルメニデスの詩の世界へのあこがれから出発した。それは彼のイデア論からはっきりと見てとることができる。それゆえ、プラトンが自然学を基礎とするアリストテレスの判断に賛同したかどうか、それはあやしい。

ただ、パルメニデスの立場も、思惑的世界を認めている。まことの真理は天上界にあって、地上界にはないとしても、パルメニデスとプラトンの二世界説は、地上界を「存在界」から排除しているわけではない。それゆえ、存在一般を説明するためには何らかの仕方で、地上界、つまり物体的な自然界も研究されなければならない。プラトンもそれは認めていたに違いない。プラトンのイデア論とて、地上界のようすをイデアで説明するものだからである。しかし地上の世界は静的世界ではなく、運動変化する世界なのであるから、プラトンのイデアによる静的な説明は、アリストテレスには納得できるものではなかった。アリストテレスは、運動変化する世界はやはり「原因と結果の論理」によって記述しなければならないと考えたのである。

アリストテレスが運動変化する世界を説明するために数えあげた四原因とは、形相、質料、始動（作用）、目的の四つであった。具体的に説明しておこう。

まず「もの」は、それ自体のうちに変化したり運動したりする原因をもつ。というのも、ものはまず「何か」特定の（種類の）「もの」として存在し、この存在を基盤にして運動し変化する。この基盤となる「何であるか」をごまかしなしに明らかにする「ことば」が、本質定義であり、形相である。たとえば、「それのうちで人が家族と暮らし、自分の財を保管するもの」ということばで「家」が説明されるなら、この説明内容が「家」の本質定義であり、形相である。そしてこの家をつくる材料になっているものが、質料と呼ばれる。それはたとえば材木であったり石であったりする。具体的な家は、その形相と質料で構成されている。そしてそれは質料の性質ゆえに、いずれ朽ちる、あるいは壊れる可能性がある。すなわち天上的ではないゆえに、生成消滅するのである。

家とは異なるものでも説明しておこう。たとえば、「人が乗って、人のもとめに応じて速く走ることができる四足の動物」ということばで「馬」が説明されるなら、それが馬の形相であり、本質である。そして馬は生きものなので、その形相は馬の霊魂（生命原理）である。しかし馬もその体がもつ体力には限界があり、死んで朽ちる可能性をもつ。この体を構成しているものが馬の質料である。

このように形相と質料は、運動変化するもののベースとなるひとつの「独立してあるもの」を構成するふたつの対となる原因である。

このふたつの原因に対して、始動の原因は、まさにそれが動く原因となるものであり、目的の原因は、動くものがめざしているところのものである。たとえば家のように、みずから動くものでないときは、材料を動かして家を建てる大工が、質料を始動する原因としてはたらき、大工の頭のなかにある設計図が、家の形相であると同時に大工が質料を動かす目的となって、材木や石などの質料を動かし、質料を家へと変化させる。他方、馬の場合は、人が乗っているときは、人が当てるむちが始動の原因となる。人が乗っていないときは、馬自身の形相、その霊魂が始動の原因となる。そしてそのとき、食べものがあるとか、飲みものがあるとか、馬が向かうところのものが目的因である。

アリストテレス

このように四原因は、存在の運動変化のさまざまな要因を枚挙する視点となる。

ところで霊魂は、形相であると同時に、それみずからが動くもの（始動因）である。アリストテレスの時代では、天体は何らかの霊魂をもち、それみずからで動くものであった。なおかつ永遠的存在であった。それゆえ天体は、荘厳な「霊的存在」であった。つまり特別な上位の世界の存在であった。そしてたとえば天上の太陽によって植物が育ち、植物を食べて動物が育つ。このように地上の世界の諸存在は、太陽をはじめとする天上世界の諸存在（天体の霊魂）を何らかの原因として動いていると彼は見ていた。それゆえ、アリストテレスはパルメニデス流の二世界説を四原因の説によって維持することができた。

じっさい、地上の物体的質料は自然界の物体性として自然界の存在性を表すとしても、そこに起こる運動変化の原因は、目的因も、あるいは始動因も、天上界に置くことができる。たとえば、太陽が草木を育て、それ以外のものも育てている。それゆえ、思惑的世界も存在界として排除しないならば、アリストテレスの四原因説も、パルメニデスの跡を継ぐプラトンの賛同をある程度得られたものだろう。

ただ、プラトンが死んだあと、アリストテレスはアカデメイアから離れて、別の学派、ペリパトス派（逍遥学派）を形成した。この事実から言えば、何らかの対立は起きていたと見なければならない。この対立を大きいと見るか小さいと見るかは、対立点の強調の程度に過ぎない。ここでは、最初に述べた哲学の三つの流派のあいだの本質的違いから見れば、プラトンとアリストテレスの哲学の違いはごく小さいと見ておく。実際、人の世では、大きな違いは争いを生まず、むしろ小さな違いがしばしば争いの種になるからである。

12——範疇論

つぎに、アリストテレスが行った「存在」の述語的分類枚挙、すなわち「範疇論」を見よう。(19)

範疇は一〇個あるとされている。(20)そして範疇(カテゴリアイ)は、もともと「述語」を意味する。述語は対象を指す主語につけられて、命題文(学問の要素・真理を示す内容)をつくる一方の要素である。つまり命題は主語と述語によってできている。

言うまでもなく、技術化した哲学のことばは、ごまかしようのない正確なことばの使用でなければならない。つまり主語が明確であり、述語が明確な命題が、学の基本説明文でなければならない。たとえば「物体と物体は、質量に応じて引きあう力がはたらき、距離に反比例してその力を減損する」という命題は、使われる単語が明確に定義されるなら、学的な命題である。

しかし主語には、典型的にふたつの種類がある。

ひとつは、「あれ」とか「これ」とか、現実の具体的な場面のなかで、ある個体を指示する語である。一般に「第一実体」と呼ばれる。もうひとつは一般名詞、たとえば「人」とか

「星」とか、「馬」とか、「桜」とか、である。一般的に指示できるものであれば個体以外のものでも主語になるのであるから、このような普遍的な「種」も、何らかのほかから独立した「この種のもの」として、「実体」と呼ぶことができる。ただし、これは「第二実体」と呼ばれる。

ところで「範疇論」は、範疇（述語）が存在を分類・枚挙するという論である。つまり主語と見られる「存在」に、さまざまに述語されるものがある。述語は主語で指示された存在について、その内容を展開し、説明するものである。そのさまざまな述語を、意味に即して一〇個に分類したものが、一〇個の範疇である。それゆえ、「範疇論」は、諸範疇（述語）が、主語の「存在」を十全に分類している、と考えるのである。

1　それは人間である（実体）
2　それは六十キロである（分量）
3　それは黄色い（性質）
4　それは動かしている（能動）
5　それは動かされている（受動）
6　それは生じている（生成）
7　それは滅する（消滅）

8　それはなにかを持っている（所有）

9　それはそこにある（場所）

10　それはそのときある（時間）

これらのうち、第一の「実体」のみが特別扱いされる。なぜなら、それは主語の存在の主たる内容、すなわち基礎となる内容（本質ないし本性）を表している述語だからである。他方、第二の範疇以下は、すべて実体を原理として、それとの関係で述べられる。たとえば、皮膚の色が黄色であると述べられるとすれば、それは人間を主語とし、それに依存してはじめて存在する（「黄色の皮膚をもつ」は、「人間」に依存していると見られる）述語である。つまり性質は実体への依存関係によって存在する。分量、その他のものも、実体との関係においてはじめて在る。たとえば、この人間がいることによって、実際にこの人間の「重さ」がある。重さだけが独立して存在することはできない。したがっていずれも「関係範疇」と言われる。

言い換えると、第一のものは、原理としての実体であり、第二のもの以下は、すべて実体を原理として、それにかかわって偶然的に起きているもの（偶性）、あるいは、実体に帰せられることにおいてはじめて「存在する」もの（属性）、というふうに理解されている。

別の言いかたをすると、実体のみが第一義的に「存在」と言われ、偶性ないし属性は、二義的な存在、実体との関係において（依存して）のみ存在し、言われるものであり、ときに

（中世ではとくに頻繁に）「類比（アナロギア）的存在」と言われる。[21]

ところで、天上界に存在する実体は、生成消滅しない。地上にあるものが生成消滅する。生成消滅が述語される実体は、天上界の生成消滅しない実体と「比例している」と言われるだけ「似ている」。そして、地上界の性質、すなわち質料的性質をもつことによって、地上界のものは生成消滅する。つまり人間は身体としては生成消滅する。しかし霊魂（心）は、天上界にあるものを知ることが、それに固有のはたらきと考えられた。そのために、身体と同様に生成消滅するものではないと見られた。

プラトンの立場、あるいは、ピュタゴラスの立場では、霊魂それ自体は生成消滅せずに輪廻転生する。プラトンの『パイドロス』[22]によれば、霊魂は動かすものだから、動かされる身体のように消滅する原因性がない、それゆえ魂は消滅しない、と説明された。おそらくアリストテレスは、霊魂は「動かされるのではなく、他を動かすもの」というプラトンの規定を受け取って、霊魂は「みずから動かすもの」すなわち「実体」であると考えたのだろう。それゆえアリストテレスにおいても霊魂は、消滅する機縁はなく、中世の哲学者は、アリストテレスにおいても霊魂は実体であり消滅しないと解釈した。

13――実体の真偽判断あるいは普遍論争

ところで、アリストテレスにおける実体の存在判断を見ておこう。

一般的に学問における存在判断はそのまま真偽の判断である。なぜなら、プラトン哲学の地平では、「真理」とは「存在」だからである。偽でありながら存在であることはない。これはパルメニデスの詩に出てくる女神の言である。「ある」ことが「真である」ことなしに「ある」とは真に言えないからである。

真に「ある」と言うことができるときのみ、学的命題（真理命題）が成立する。なぜなら真で「ない」ものは、真理では「ない」からである。それゆえ、学問において真理はつねに存在（ある）である。真理は永遠的に存在であり、存在から非存在への転化はない。

ところで、存在判断がそのまま真理の判断であるのは、主語が普遍的なものだからである。個別の実体が学問の対象になるのではない。これがアリストテレスの考えであった。

現実の場面から距離を持ち（抽象の地平に立って）、何らかの実体（概念）をとりあげて、それについて科学的命題、すなわち普遍的命題を求めて、たとえば「人間は理性的動物である」という命題を形成したとしよう。命題は真偽が決定される主語-述語（文）と定義されている。それゆえ、この命題形成において、真偽の判断がなされている。そしてこの命題全体は「普遍的」であるので、その主語も普遍的と見なされる。つまり普遍的な何かを指示して、それについて「真である」という判断がなされている。

このとき、「真で」と「ある」は、真偽判断と存在判断の両者であると見られるので、「真である」という判断は、そのふたつの判断を含む。それゆえ、真理を表示する学的命題においては、真であるという判断には存在するという判断が含まれていて、両者は一致している。たとえば「一足す一は二である」という判断は、真であると同時に、永遠的にそのとおりで「ある」ことが主張されているのだ。「人間は理性的動物である」という判断についても同じである。

さて、アリストテレスはプラトンとは異なり、個別的な第一実体を哲学においてとりあげた。そこで今度は第一実体を主語とする命題を考えてみよう。すなわち、何かあるものが実際に目の前にあるとしよう。それについて、そこに実体が「ある」ことを想定し、その実体（第一実体）を「人間」と呼ぶとき、ただちに真偽判断がなされる。そして真と判断されたとき、「それは人間である」という命題が成立する。他方、偽と判断されるときは、「それは人間ではない」と判断される。

このように主語が第一実体である場合、命題が真であるときと偽であるとき（述語が正しいときと正しくないとき）が両方あるので、真理と存在の関係においては、真理で「ある」ときと、真理で「ない」ときがある。つまり真理が「存在」と一致するときと「非存在」と一致するときがあって、真理と存在は必然的に一致しない（偶然的にしか一致しない）。

しかしアリストテレスは、第一実体のほかに第二実体（普遍）も主張するのだから、第一実体を主語とするときと、第二実体を主語とするとき、このふたつの種類の命題において、「存在判断」がどう異なるかを見ておかなければならない。

一般的に言って、第一実体の「存在」は、それが「見える」なら存在していることは「明らかである」と判断される。他方、第二実体については、それと述語との一致において「普遍的に真であれば」、存在していると判断される。つまり第二実体を主語とする命題においては、真理と存在は一致している。言い換えると、命題が真であれば、かならずそのとおりで「ある」。

一方、すでに述べたように、第一実体が主語であるときは、存在することと真であることは必ずしも一致しない。第一実体の場合、それが見えれば存在することは真であるが、述語が主語と一致していなければ、命題としては偽である。たとえば、ひとりの人間がいる状況下で、「それは犬である」と言ったとき、主語が指し示す「それ」の「存在」は真であるが、「犬である」という述語は偽である。

要するに、第一実体の場合と第二実体の場合で、「存在判断」の基準が異なっているのである。一方は、ものが「現に見える」ことで「存在している」と判断され、他方は、「主語の意味することがらと述語が意味することがらの一致」を知って、「そのとおりである」、すなわち「存在している」と判断される。

もし存在判断を前者に限定するなら、後者の存在は、「概念上の一致」を意味するだけである。しかしこのまさに「一致」こそが、知性によってはじめて見いだされる「真の存在」（まことにそのとおりである）なのだ、というパルメニデス＝プラトン流の考えがある。後者の存在こそが永遠的な存在であり、知性が特有にとらえる存在であり、真なる存在である、という理解である。こう考える立場からは、第一実体の存在は身体の眼に見えるだけのものであり、消滅的であり、「真にある」とは言いがたい。つまり錯覚か幻かもしれない。「存在判断」をどちらの基準で受けとるかによって、中世における「実在論」と「唯名論」の立場がわかれる。「存在している」を「現に見えること」で判断するのは唯名論であり、「主語と述語の一致」で判断するのは実在論である。

現に見えることで存在を判断する立場では、普遍における一致はつねに概念上の一致にすぎない。「普遍」は実在ではなく、ことばがその名となっている「概念」にすぎない。

他方、一致という真理において存在を判断する立場では、一致という普遍においてこそ知性上の「実在」（知性の目のみが見ることができる「ある」）が見いだされるのであるから、普遍の実在は自明である。つまり述語は何らかの普遍的な語でなければ、主語と普遍的に一致することはできない。普遍的な一致こそが知性のみがもつことができる学的真理である。それゆえ、述語は主語と普遍的に一致して存在しなければならない。ところで、普遍的な述語と一致できる主語は、やはり普遍的な主語（第二実体）である。それゆえ「学的真理」を「実在」として守ろうとするなら、主語ならびに述語の普遍語は精神界に実在するという普遍実在論の立場をとるほかない。

とはいえ存在判断は、本来的には、真理判断とは別の判断である。すなわち、それが「あるかないか」の判断は、それが「何であるか」の判断（述語との一致の判断）とは別のはずである。ところが、あるかないかの判断についてその真偽が問われるなら、命題上の真偽は主語と述語の一致の判断であるから、存在判断は真偽の判断に含まれることになる。つまり「真である」は、「ある」を含んでいることになる。

ここで思いだしてほしいことがある。哲学の「科学化」、すなわち、「技術化」は、「幾何学」の証明力にあこがれたプラトンが、哲学を幾何学と同様の仕方で技術化する野心的労苦であった。

しかし幾何学の真理は、まったく天上界の存在と見なすことができるものである。たとえば幾何学における「線」や「点」は、時代によって異なって受けとられることはない。数も同じである。縄文時代もいまも計算の答えは変わらない。それは普遍的存在であったし、不変的で永遠的な存在であった。数学的真理は、真理であればいつも存在である、言い換えると「そのとおりである」ことが永遠の昔から決まっている。

しかし哲学は、地上界の存在についても真理を見いだす技術であることが求められた。その対象となる「存在」は、地上界では個別的で変化する（実体が個別的である）。ところが、哲学を科学とすること（技術化すること）は、哲学の命題、すなわち「存在」を本性的対象とする命題すべてを、真偽判断と一致させなければならない。幾何学と同様にパルメニデス流の「存在＝真理」の基準を満たさなければならない。あえて言えば、個別的で具体的な地上界の存在が、普遍的な天上界の存在と一致しなければならない。

　すなわち、哲学の命題が数学と同様に科学命題であるためには、哲学の命題も普遍命題でなければならない。たとえば、「人間は（普遍的に）理性的動物である」が、真理であると判断される。真理であるなら、この命題は「存在」でもなければならない。なぜなら、在りもしないことを、「在る」というのは、科学ではないからである。ところで、繰り返すが、命題の全体が普遍的事態を指しており、それが科学の対象であるのなら、そのためには、真理でなければならず、そうであるなら、それは「非存在」ではなく、「存在」でなければならない。以上のことが認められれば、命題を構成する語「人間」、「理性的動物」も、「存在」でなければならないだろう。しかもその「存在」は、普遍的で永遠的でなければならない。

　こうしたことを背景として、中世の「普遍論争」が生じてくる。

「普遍」を示す語（たとえば、人間、馬）は、「存在する何か」を示しているのだろうか。それとも、それは名前にすぎず、存在判断には触れないのか。あるいは、むしろ「無」なのだろうか。「人間」は存在するのか、それとも「人間」は存在するとは判断できないか、判断するとすれば、無と判断すべき（天上界の視点からは、地上界のものは無に等しいが、その逆に、地上界のものこそが目に見えて存在するなら、天上界のものは、見えないのだから、無である）なのだろうか。

　前者の立場、すなわち「人間」（普遍者）は存在する、と判断する立場が「実在論」であり、後者の立場、すなわち「人間」（普遍者）は存在するとは判断できないか、無であると判断する立場が「唯名論」である。

後者の立場では、存在するのは具体的な個物のみである。普遍は存在判断できないか、さもなければ無であると判断される。では、「神」は存在するのか。「神」の語は、「人間」の語と同様に普遍語であるので、中世の普遍論争は、「人間」の問題で見たような論争が「神」について起こることを示している。つまり普遍論争は、神の存在論争と実質的にだぶるのである。このことに気づいた教会側の神学者は、こぞってこの問題に取り組んだ。

「神」は存在するのか、それとも、哲学においては、存在すると判断できないのか。こうして神の存在を絶対とする中世キリスト教世界において、普遍論争は、大論争となったのである。

14――イオニア的哲学の自由――第三の流派の哲学

第三の流派の哲学の特徴をつぎに説明しよう。

クセノポンは、何人かの人物とソクラテスとの問答を『ソクラテスの思い出』のなかで伝えてくれている。そのなかで、アフリカ北岸の都市出身のソフィスト、アリスティッポスは、興味深い人物である。彼は、他者を支配することも、他者に支配されることも、さらには自分を支配する自制心とも一定の距離を置く。プラトンやソクラテスにとって、おそらくつかみどころのない自由を謳歌する人であった。

彼はイオニア地方の出身ではないが、それでもその考えはイオニア哲学を出身母胎にしていたと思われる。最初に挙げた哲学の流派のうちで第三の流派の哲学を知るうえで、おそらくこのソフィストの言いぶんは参考になる。そこで、まずソクラテスとアリスティッポスとの問答[23]を、大略だが、紹介したい（『思い出』第二巻の一）。

ソクラテスは、まさか奴隷のように他人に支配されてよいと考えている人間はいないに違いないと思っている。そして一般的には、だれでも自分は支配する側に立つ人間になりたいと思うだろうと考えている。それゆえ、自制心を発揮しようとしないアリスティッポスに向かって、ソクラテスは統治者となるように教育されるものがどんなことを教育されるべきか、数えあげる。

たとえば、いざというときに食べずに我慢することを覚えること。眠ることを我慢して緊急に備えることができるようにすること。また必要なときには、情欲も抑えることができなければならない。仕事もすすんでやれるのでなければならない。敵を征服するための知識も学ばなければならない。しかも多くの緊急な仕事がなされるのは野外である。それゆえ、気候の暑さ寒さにも容易に耐えられることが必要である。国家を治める人間になるためには、これらの自制心の訓練が、幼いうちから日常的に必要である。

ソクラテスはこのように言って、よくおのれを制することのできる人こそが治者たるにふさわしい、と述べ、アリスティッポスに向かって、君は自分のことを治者の部類に入れられるのが適当であると考えるかどうか、と訊いた。

アリスティッポスの答えがふるっている。

自分はけして治者たらんとする者の部類には入りません、と彼は答える。そもそも自分の要求を満たすだけでもたいへんなのに、他人の要求まで満たしてやることを背負いこむなど、馬鹿のすることだ。自分のやりたいことをすべて断念して国家のために苦労し、国家の望むことをぜんぶやれなかったときには、その責任を問われるなど、愚の骨頂だ。自分はむしろできるだけ愉快に生涯を送りたい。

これを聞いたソクラテスは、どの国のなかにも支配階級と被支配階級があって、どちらが愉快に暮らしているかと言えば、支配階級のほうだろう、と尋ねる。

アリスティッポスは、自分は支配階級と被支配階級のどちらの部類にも入らず、その中間を行くのだという。それは自由を通る道であって、幸福に至る道だという。

これに対してソクラテスは、しかし強いものはあらゆる手段で弱者を責め苦しめて自分たちの思いどおりにしてしまうのではないかと言う。

アリスティッポスは、だから自分は一定の国にとどまるのではなく、たえず客としてあちこち移動している、と言う。

問答がここまで来て、さすがのソクラテスも説得の道を見失っている。なぜなら、じっさい国家は、客には危害を加えようとしないものだからである。また国家の支配は土地を基盤とした定住者への支配なので、移動する不定住者を支配する手立てを一般にもたない[24]。したがって、アリスティッポスのように、知識を手立てに生活していける人間は、その知識を売りものにして、ことばが通じさえすれば、どこに行っても生きていける。この自由を手にしたのが、当時のソフィストだったのである。

ソフィストの出身、あるいは彼らの知識の出所は、イオニア地方の都市国家にあった。この地域はメソポタミアやエジプトの先進文明に近く、豊富な最新の知識の流入があった。なおかつ海に面して商業活動を通じて栄えた小さな港湾都市であった。海がもつ自由さからか、その都市生活から神話的説明を脱却する思想が生まれたのが紀元前六〇〇年ころと言われる。その後まもなく、ペルシアの大国（帝国）に呑みこまれるが、自由な思想的伝統は、政治的野心を捨てることによって生き残った。帝国の支配を受けることは、自分たちの自前の政治ができないことを意味したが、彼らはそれ以外のことで自由を得た[25]。その資材となったのが知識であった。彼らはギリシア人の築いた都市国家のなかで、文化的に先進的であったことによって、それを実現したのである。

じつはイタリア半島に移住したピュタゴラスも古く、この地域の出身であった。

すでに述べたように、ピュタゴラスは輪廻転生説などの宗教的教説も含めた天上界の知を奉じる学派になった。その天体運動の研究にも見られるように、ピュタゴラスの哲学はイオニア地方の自然学説の伝統につながるのである。

15――原子論と道徳論の二本柱

しかしイオニア地方の伝統の代表的なものは、ソクラテスの時代にあらわれたレウキッポス(ミレトス出身)であり、その弟子デモクリトスの原子説である。空虚な場と、不可分の原子の離合集散によって世界を説明する説である。

この世界説明は、人間の意志からまったく独立した、あるいは、神の意志からまったく独立したものとして自然界を説明する。機械的なその説明はまったくおもしろみがないが、それだけに、人間の生きかたを自然の説明から完全に切り離して考える地平を提供した。すなわち人間の生と自然の営みを完全に別のものとして扱い、自然はいかなる意志もなしに、ただその本性(自然)のままに運動している、という自然観を形成したのである。

この自然観は、統治者である神とか王とかの意志を考えて畏れる必要はない、という見方を含む。人間の自然(本性)に本質的なものは、そうした意志とは関係がない「自然」だから、ということである。自然はまさにその本性にしたがってはたらいているだけである。自然は自分というひとりの人間を統治しようとは考えていない。だから自然災害などをおそれて暮らすことはない。

デモクリトスとソクラテスはまったくの同時代人である。人間の内面、とりわけ倫理的課題を中心的に論じたソクラテスと、原子説を唱えたデモクリトスの出現が、ギリシア世界のなかで同時代であるのは理由のないことではないだろう。

ソクラテスは人間の内的生に関心を払ったが、自然の説明には深く関心をもたなかった。クセノポンの伝えによれば[26]、彼は惑星や彗星のことを調べたり、天体の地球からの距離を研究したり、軌道の運行やその原因を探求したりして、自分を消耗することを非難した。生活の役に立たないほどの自然研究をやっても、その結果自然をどうにかできるわけでもない。おのれの生きかたの研究なら、おのれによってどうにかなるのだから役に立つ。研究した結果どうにもならない（ただ知るのみ）ことをやるのはばかげている、と考えていたらしい。

両者の態度は、ヨーロッパ全体の文化性として現代にまで引き継がれている。現代においても、ヨーロッパは人間と自然を対立するものとして扱う。その初期の現れが、まさにデモクリトスとソクラテスであり、その「自然説」と「道徳説」だったのである。

その後ひとりの人間が、このふたつ――自然と道徳――を明確にわけつつも、見事にそれらを総合し、矛盾をもたない仕方で示した。それがソクラテスの死から半世紀足らずで現れたエピクロス（紀元前三四一～二七〇）だった。

そののちは哲学において、自然学的知の追求と、道徳学的知の追求が、別々に、真なる論理（説明・弁証）の追求を共通の土台にして、ヨーロッパ世界に受け継がれるようになった。この伝統は第三の流派の哲学の展開であって、プラトン、アリストテレスにはない伝統である。

16――エピクロスの学園

エピクロスはアテネ市民であるが、親が貧しく、サモス島で生まれ育った。父親は読み書きを教える程度の田舎教師だったらしい。母親は、あやしい祈祷師のようなことをしていたようである。

エピクロスは母親の怪しげな祈祷を嫌い、神々は人間の勝手な願いを聞くものではないと考えた。そして自然の動きを説明するとき、デモクリトスの原子論をとり入れた。ただしその論が人間の自由な生きかたと衝突することがないように、原子の運動は偶然が生じる余地をもっている、と考えた。具体的には、原子の運動は直線的な必然のみではなく、それとは異なる方向への運動が混じると主張した。いずれにしろエピクロスの自然説明は、デモクリトスの原子論を採用することによって、神の意志が関与する俗説的な(神話的)説明を完全に排除したものだった。

エピクロスは、自然から神の意志を排除しただけでなく、人間と神の距離をきわめて大きなものとも考えた。神は、神みずからと同じような部類の人間とはかかわっても、くだらない人間のことなど顧慮しない、と主張した。

神々は、つねにかれら固有の徳に親しんでいるので、かれら自身と類似した人々を受け入れ、そうでないものは、縁遠いものと考え、遠ざけるのである。（出・岩崎訳）

この神認識は、のちに現れるキリスト教の神認識と大きな違いはない。というのも、キリスト教の神も、その知恵に満ちた愛によってのみ人を救い、同じ愛をもつもの、あるいはそれをもつと誓ったもののみを、すなわち神の教えに聞き従って愛をもつもののみを、自分の教会に迎え入れたからである。

そしてエピクロスの哲学は、自然についての説と符合するように、知性ではなく、感覚認識を真なる認識の基盤としている。つまり自然を感覚によって注意深く観察し、説明する。それとともに、「善美」の認識となる知恵に関しても、「快楽＝善」の思想を展開した。そのためエピクロスの思想は、快楽主義の名で一括され、誤解されやすいものとなった。

しかし彼の快楽主義は、歓楽にふけるものではなく、知恵に満ちたものであることは、見きわめるべき重要なポイントである。彼は結果として苦しみが生じるような快楽の追求を、真実の快楽の追求とは認めない。むしろ、質素な食事こそ快楽に満ちている、と考える。また死は感覚の消滅なので、おそれる必要はない。死の恐れのほとんどは、ただの予期（地獄の想像など）から生じているのであって、根拠がないと断じる。

したがって彼の道徳的な快楽主義は、ソクラテスが示した節制の徳と似通っていて、事実上は節制主義である。[27] 彼はアテネに複数の男女の共同体をひらいたが、その学園もまことにつつましいもので、理想的な教会のようだったらしい。

エピクロスはかなり多くの執筆をした。作品を多く残したところは、学園アカデメイアをひらいたプラトンと似ている。彼の作品は学園の人々によってさかんに書写されて販売されていたらしい。多くが失われてしまったが、それでも彼の思想を示すいくつかの友人宛の手紙が、断片とともに、ディオゲネス・ラエルティオスの『哲学者伝』第一〇巻に伝えられている。

広く読まれた複数の長い手紙によって、古代においても意外に多くのエピクロスのファンが生じていたことは興味深い。ディオゲネスの『哲学者伝』も、その最後の巻のすべてがエピクロスにあてがわれている。もしかしたらディオゲネスは、エピクロスの思想をひろめようとしてこの本を書いたのかもしれないとさえ言われている。

エピクロス

セネカ（紀元後一世紀）にいたっては、その思想はエピクロスの徒と言っても言いすぎではない。セネカは一般にはストア哲学者として扱われているが、自然説と道徳説をそれぞれ明確にわけて論じており、その思想の本当の出所はエピクロスかもしれない[28]。

セネカはちょうど使徒パウロと生涯が重なることもあって、中世ではキリスト教徒と思われていたほど、キリスト教的な徳論を展開した。他方、エピクロスがアテナイにひらいた学園に集まった人々は、エピクロスの学説を敬愛して共同生活を営んだ。キリスト教の場合にも、キリストの弟子たちの信仰をもとにして教会（信徒の共同体）がつくられ、人々の共同の祈りが行われた。

古代のキリスト教会の施設で見つかったエピクロスの断片のなかに「隠れて生きよ」とあることから見て、エピクロスが迫害に耐えた初期キリスト教徒に多大な影響を与えた可能性はあるように見える。つまりエピクロスとセネカとキリスト教神学のあいだには、不明瞭であっても無関係とは思えないつながりがあるのである。

17――プラトン哲学とエピクロス哲学の系譜

しかし、ギリシア哲学をキリスト教へ導入した最大の立役者はアウグスティヌス（紀元後三五四～四三〇）であった。彼は、エピクロスではなくキケロから、何よりプラトン哲学を受け継いだ。

キケロは、自分が所有していたトゥスクルム（ローマ近郊）の別荘を舞台にした「論議[29]」を作品化している。キケロは自分が遊学したことのあるプラトンの学園アカデメイア（アテネ郊外の地）の雰囲気にならって哲学を語りたかったのだろう。キケロがプラトンに心酔したのは、プラトンが政治家となる志望を胸に秘めた哲学者であったこと、キケロも同様に立派な政治家を目指していたことから当然のことであった。

そのほかにもキケロは、プラトンの『国家』にならって『国家について』という作品を書き、プラトンの『法律』にならって、『法律について』という作品を書いている。

一方、アウグスティヌスも、ミラノにおいて友人の山荘での「対話」をいくつも作品化している。アウグスティヌスの主著『神の国』も、内容は大きく異なるとはいえ、表題から見るに、プラトンとキケロの仕事にならっていると想像できる。

自分の重要な作品の構想を尊敬する哲学者の作品名にならって書こうとする心の傾斜は、その哲学への敬愛（同意と賛美）とともに、自分の才能に対する自信と誇りから生ずるものである。ということは、プラトンとキケロがアウグスティヌスに大きな影響を与えたことは明らかである。それゆえ、アウグスティヌスの神学がその哲学の基盤をプラトン哲学に置いていることも、おそらく確かなことである。

アウグスティヌスの神学をうけて、中世という時代（盛期は一三世紀）があった。中世にはイスラムを通じてヨーロッパに流入したアリストテレス哲学の権威があった。すでに述べたように、アリストテレスの哲学はプラトン哲学を引き継ぐものである。したがって、大略、キリスト教神学は古代中世を通じてプラトン哲学を基盤としている。

プラトン哲学はアウグスティヌスが考えたように、キリスト教の求める秩序に適合した世界観を提供した。天体の層に天使の住まう世界を想定し、そのかなたに神の姿を見れば、月より上の世界は、ピュタゴラスの時代から知性のふるさとであり、「不動の真理の領域」と考えることができた。地上から近々に見ることができる月下の世界は「感覚、思惑の領域」である。

プラトン哲学の世界には、知的と感覚的との区別があっても、エピクロスやセネカがもっていた自然的と道徳的の区別はない。キリスト教の神は、知的世界にあって感覚的世界にないことが、その崇高さゆえに説明されるべきであったし、神は、自然と道徳の両方に君臨すべきものであった。さらに、宇宙を創造し維持している神という観念をもつキリスト教にとって、エピクロスが採用した原子論は、神が関与しない自然説明であり、その点でまったく適当でないと考えられた。したがって、エピクロスよりプラトンを選んだアウグスティヌスの判断は間違いではなかった。

しかし中世の初期、イタリア出身の修道士カンタベリーのアンセルムス（一〇三三〜一一〇九）は、アウグスティヌスの精神に従いつつも、セネカにも影響を受けた。そしてすでに述べたように、セネカは自然と道徳を別々に見るエピクロスの精神を受け継いでいた。そのため、アンセルムスは『モノロギオン』という神の存在証明をともなった宇宙論ではプラトン哲学（新プラトン哲学）のもとに神学を論じたが、それとは別に、『悪魔の堕落』など、善悪がかかわる自由意志の問題を、宇宙論とは区別して論じた。すなわちセネカのように、自然と道徳を分けて論じたのである。

この神学に影響を受けて、中世が終わる頃、自然説と道徳説を区分して考える思想があらわれた。ドゥンス・スコトゥス（一二六五～一三〇八）の神学である。

ドゥンス・スコトゥスは、感覚を重視した直観説を考えだすことによって、自然現象のうちに意志がかかわらない普遍的現象を見た。すなわち感覚的でかつ知的な直観認識にもとづいてとらえる「自然科学」を構想した。他方で、抽象の下に宇宙を論じてその秩序認識のもとに、今度は各人の自由意志を強調して「信仰にもとづく道徳」を論じた[30]。スコトゥスがエピクロスをどれだけ知っていたかはあやしいが、スコトゥスもセネカは読んでいたに違いない。

近代に至り、科学の成功にも支えられて、物理学や数学を基礎にした説明、言い換えれば、神の意志がかかわらない世界の説明が勢いをまし、それと連動して、道徳的問題は、デカルトに見られるように、人間の内側の心理的課題として扱われるようになった。カントによって道徳問題は自然もともに扱う総合的哲学の領域に引き戻されたが、その区別は、「純粋理性の領域」と「実践理性の領域」という区別となった。自然説と道徳説の区別は、こうして再びヨーロッパ哲学のなかで明確になった。

このような歴史は、人間の内なる生と自然の営みを区分し、ときにはそれらを対立するものとして見がちなヨーロッパの科学をつくってきた。したがって、ヨーロッパの科学は、客観性をうたいつつ、人間的自然をそれ以外の自然から切り離して見がちなのである。そのため、現代において「自然との共生」が言われても、ヨーロッパから出てくる思想は、それらを一致させようとすると、多くの場合、新プラトン主義の流れを汲んで合理性を失い、神秘主義的なものになってしまう。自然との共生を理解する合理的な説明は、ヨーロッパの文化基盤から生じることは、案外にむずかしいことなのだ。

エピクロスの哲学は、自然と人間を対立的に理解するこの道を、単純な仕方で最初に見せた思想であり、それゆえ、その後のヨーロッパの思想史を見わたすことにおいて、きわめて示唆的である。もとになるものは、ソクラテスの思想とデモクリトスの思想なのであるが、エピクロスの思想は、それを一個の思想として扱った最初の思想なのである。

エピクロスを引き継いだのはストア哲学であった。ストア哲学は哲学を分類して、「論理学（言葉の学）」と「自然学」と「倫理学」を唱えた。しかしながら、一般には、哲学の歴史のなかで、エピクロスの哲学は小さな一コマのように扱われる。

エピクロスは貧しい市民であったが、弁論家として知られるキケロやセネカなど、ローマの貴族階級の人たちからは評価された。しかしプラトンの系譜に列なるヘーゲルからは、エピクロスのみならず、キケロやセネカまでも哲学的にはレベルの低い人たちだと見られ、顧みるに値しないと評価された。

たしかにヨーロッパで王道となる哲学はプラトン哲学である。プラトン哲学の系譜に連なる哲学者は、「知を愛し求める」場において、真理を他者とのあいだの「討議」を通じて調べるという、知性に緊張を強いる「ソクラテスの問答」を盛んに用いた。それに対してエピクロスの哲学は、いずれの問題に対してもひたすら思慮を求める。しかもその愛求は、批判的吟味によるものではなく、まことに穏やかなものであった。それゆえ人目を惹くものではなく、ただ穏やかに良識的であることを理想としている。

神の意向を受けた「知の闘い」を、人々のあいだで繰りひろげた「ソクラテスの問答」が、その後の歴史を通じてもてはやされ、ひろめられて、「ヨーロッパの知恵」になったのは事実である。しかし誤解すべきではない。思いだしてほしいのだが、ソクラテス本人は好んで問答をしたのではなかった。むしろソクラテスの問答によって社会の権威者たちが打ちのめされるのを見て喜んだ若者の文化が、ソクラテスの問答を英雄に仕立て、ヨーロッパの知的文化伝統を作りだした、と見るべきだろう。

ヨーロッパの歴史のなかでは、第三極の哲学は、華やかに英雄視されるソクラテスの問答をとりこむことで知的緊張を喜ぶ哲学者からは、二流の哲学の扱いを受ける。しかしエピクロスの哲学を代表とする第三極の哲学は、人が生きることの困難な時代に、人々に生きるための道標を与え、慰みをもたらす反省をうながしてきた。アウグスティヌスが内的生（道徳）の問題に特化して哲学する青春をすごしたのも、外的事象は内的生とは無関係な事象として区別してよいと考えるストアやエピクロスの思想が、すでにインテリの世界で常識となっていたからだと考えられる。

エピクロスが代表するこの第三極の哲学は、ストア哲学を含めて、ヨーロッパが近代を迎えるさいの混乱のなかでも一定の役割をはたしたし、ニーチェに見られるように、世紀末のヨーロッパにもあらわれた。日本語となった「哲学」という翻訳語も、この第三極の哲学を表していて、残り二極の哲学をうまく表していない。[31] そのため昨今の日本では、ヨーロッパの哲学本来の意をあらわすために、「知の愛求」とか「愛知学」とか表現することも多くなっている。

すでに述べたことであるが、日本を含めて東洋の哲学は、インド由来の仏教哲学をのぞくと、この第三極の哲学の伝統しかもたない。

「奥深い思慮を求める」という点では、この第三極の哲学も「知を愛し求める」ものである。思慮は知恵なのであるから、「知を愛求する」第二極と「思慮を求める」第三極の哲学の相性が悪いわけはない。しかし知を愛求する第二極の哲学が、ヨーロッパにおいて第一極の「討議による真理の吟味」と相性がいいほどには、思慮を深める第三極の哲学は、第一極の知の吟味を含まない。わたしたち日本人が一般に馴れ親しんでいる哲学は、もっぱらこの第三極の哲学、すなわち、思慮深さを求める哲学である。そのために、残り二極の哲学を端的にあらわすことばを、日本語でもつことがたいへん困難なのである。

話が混乱するかもしれないが、日本の思慮は、さらに第三極の哲学に属するエピクロスがもった「自然と道徳の区分」をもたない。したがって日本的思慮は、ヨーロッパの哲学の流派のなかでは、第三極の哲学であっても、その内容はエピクロスの哲学とはやはり異なる。しかしこの第三極の哲学はそれの学習においてことさら「知の吟味」を必要としない点において、日本人には近づきやすいのである。

くりかえすが、その哲学においてエピクロスは、人間の内的生と外にひろがる自然をわける。この伝統はヨーロッパの知的伝統としていまも生きている。それゆえヨーロッパの哲学全体を見わたすためには、この流派の哲学を知らずにすごすことはできない。それを無視することはあとのふたつの流派の理解にも混乱をもたらす。そして、その哲学の中身を理解するうえで、エピクロスの哲学は、日本人にはもっとも親しみやすいとわたしには思われる。

第2章　哲学と宗教

1——キリスト教の信仰

哲学史では通常、宗教には頁を割かない。しかし哲学と宗教はやはり似たものである。実際、宗教は人間が生きる上での何がしかの精神的な真実を人の心にもたらすことによって「人の心を救う」ものである(1)。しかし、なぜ真実が人の心を救うのか、と考えてみると、人の心はもともと何がしかの真実を要求するものであって、その真実を与えられることによって心が満足し、本来のあるべき姿になるからではないか、と推察することができる。

このように言うことができるなら、哲学もまたそのような真実を提供することができるものだということができる。自然科学などほかの学問の真理はいずれも部分的であるが、哲学の追求する真実は「全体的」な何かである。哲学が世界観とか人生観と考えられるのは、哲学に全体的な視野をもたらす力があるからである。

たとえば自然科学がどんなに進歩して多数の真実が明らかになろうとも、それは部分的、つまり日常のある場面――たとえば服が容易に洗濯されるとか――での満足にとどまり、つぎの場面――たとえば恋愛に悩む場面――では、その満足は心の視野から外れる。したがって、自然科学の真理によって人の心が全体的に満たされることはない。しかし哲学的真理（哲学が獲得をめざしている真理）は、全体的な真理である。つまり洗濯のときにも恋愛のときにも通じる真理である。そうであるなら、それが達成できたときには、それによって人生の全体に対して心が満たされる。心が本来のはたらきに満足すると考えられる。そうだとすれば、哲学的真理も、宗教的真理のように人の心を救うと言える。

たしかに一般的に言えば、「神」を説明に持ちだすのが宗教であり、哲学は直接には知りえぬものを持ちださずに、ふつうに経験して知りえるもののみで、世界ないし人生を説明すると言われる。最初の切り口としてはこのような両者の方法（道すじ）の違いで両者の相違を説明できる。しかし右で述べたように、人生の全体にかかわる真実というもの、それによって得られる心の平静、ないし「生きている」ことについての満足感、あるいは日々に生きがいを感ずるという、わたしたちの生活に生ずる結果（哲学と宗教の目的）の側面からみると、両者のあいだにはやはり共通性がある。そしてこの共通性から見たとき、哲学と宗教には、生活の一部に現れる事象の部分的説明である科学にはもつことができない「威厳」のようなものがあり、それが一般人にはほとんど同じものに見える。つまり哲学と宗教には、人生全体にかかわる力を内蔵しているがゆえの権威ないし威厳がある。そうであるがゆえに、一般的に言って、哲学と宗教は、哲学の側から「相違」が持ちだされても、人々の目には「似ている」と思われるのだ。

さて、よく知られているように、ヨーロッパは、ギリシア哲学とキリスト教を精神文化の二大支柱として誕生している。そしてすでに述べたように、哲学と宗教は目的としての共通性と、手段の違いがある。それゆえ、ギリシア哲学とキリスト教が、ヨーロッパにおいてどのようにひとつに溶けあっているか、あるいは、その両者に違いがあるとすれば、どのように差異をつくっているか。それを見ておかなければならない。とはいえ、それは容易なことではない。

まずわたしたちはキリスト教を知らなければならない。キリスト教の神が、日本の神の概念と異なるのは、かならずしもその神が唯一の神だから、という単純なことではない。むしろ日本の神道とキリスト教の違いは、キリスト教においては教義がきびしく吟味されていて、その内容を知ったうえで信ずる、という信仰の仕方がある。それに対して日本の神道にはそれがない。この点で、そもそも違っている。おそらく、多くの日本人がキリスト教がもつ信仰の概念、たくさんのことを知って、そのうえでそれを信じることを誓う、という「神との契約」がわからない。

神は人間ではない、その神と契約をとり交わすことが、なぜできるのか。いったいどういう気持ちで神と契約をとり交わすのか。契約というなら、こちらからも神という相手に、条件を突きつけられるのか。しかし契約のためには折衝が必要であろうが、相手が本当に神であるなら、どこにいるかもわからず、こちらをはるかに凌駕する力をもつ相手と対等にわたりあって折衝することなど、本当にできるのか。神が相手なら、そもそも無条件に受け入れるほかないのではないか。さらに神を前にして、神を信ずることをあえて誓うのはなぜなのか。

率直に言えば、キリスト教は、おそらく多くの日本人にとって、わけがわからないことだらけである。

しかし、いまはとりあえず事実を受け入れて理解するほかない。

2——哲学と宗教

哲学と宗教の関係は、種々述べられてきたが、論理的に整理することは容易ではない。わたしたちは、ヨーロッパと言えば尖塔を高く空に突きだした石造りのキリスト教会のイメージを思い浮かべる。つまりキリスト教会には揺るぐことのない宗教的権威があったことを重く受けとめる。とくに中世におけるキリスト教と哲学の関係には、キリスト教会の大きな影響を考える。

実際、一般的に中世哲学における宗教の影響は当然のごとくであり、関連する中世哲学のテーマとしては、「信仰と理性」というテーマがある。このテーマは、理性は信仰をもってはじめて真に理性たりうる、というキリスト教神学者の立場を述べるためのテーマであって、もともと教会の後ろ盾をもつテーマである。すなわち、このテーマが志向しているのは、宗教による哲学の支配である。

ヨーロッパ人ないし一神教の信者は、ときに、「どんな宗教でもかまわないが、神の存在を信じていないような人間は信頼できない」という主張をもつ。どんな神かは問わないが、それでも神に対する信仰があってはじめてその人が信用できる、と言う。神に対するこのような主張の出所はどこかと考えれば、わたしの想像ではおそらく、中世のキリスト教神学にある。そこにあるのは日本神道とは異なる思想である。

わたしの知っている中世キリスト教神学は、人間のもつ美徳、つまり誠実さとか率直さといった他人の信頼を得るよりどころとなる心の善さを、つねに神に対する信仰を基盤として論じてきた。人間の美徳はそれが何であれ（人によってもつことができる美徳は多様であるにせよ）、心の根本において神を信じているからこそ、人間はそれらをもつことができると論じられてきたのである。

実際、美徳は、その報酬をかならずしも現世において期待することができるものではない。たとえば死を目前にしての勇気は、明らかにその報酬を死後にしか期待できない。死んでしまったら何もないというなら、美徳をもって死ぬことに何の意味があるのか。そのような疑問がヨーロッパ人の心に湧く。しかしもし死後の世界があるなら、そこでの報酬が期待できる。それゆえ、神が約束する天国への階段があるからこそ、人間は利己的な思いを捨てて、「最後まで」（死を前にしても）美徳を貫くことができる、と考えられた。

死を前にしても裏切らないということで言えば、「十字架上のキリストの死」は、まさにその絵柄がヨーロッパ人全体のものになっている。磔になったキリストの姿は、死を前にしても父なる神を裏切らなかったことを見事に表している。裏切らないことこそが人間が信用できるという証であるとすれば、十字架にかけられているキリストの絵姿は、信仰が信用を生むことを端的に示していると言える。

3——日本人の信仰

一方、キリスト教信仰をもたない日本人の多くが、信仰とは関係なく、多少の困難があっても社会のルールを守り、忍耐強く生活している。このことはいまでもおそらく変わってはいない。(2) しかし謹直にルールを守ろうとする日本人の生活態度は、ヨーロッパ人の発想からすれば、何らかの信仰があるからに違いない、ということになるだろう。

おそらく日本人の多くは、自分たちの謹直さのもとが信仰であるという理解には、困惑を感じるに違いない。実際、一般の日本人には、キリスト教のような信仰は根づいていない。

また、日本人の大多数は、多神を受け入れているが、神々の生活や営みがわたしたちの生活に与える影響は、自然の恵みを通じて、あるいは、なにか奇跡的な偶然においてしか考えることはできないだろう。一般道徳をよく守る人でも、神々の目を自分の日々の生活に意識する日本人は、あまりいないのではないか。

もちろん、自然の恵みに関して、あるいは、なんらかの幸運に関して、わたしたちは神に感謝する。また神に願いもする。しかし日本人は、神々はわたしたちの味方ばかりするものだとは思っていない。邪悪な神もいると聞くからである。

神々は、わたしたちをつねに見守っている、と考えているのでもない。山にいる野生動物は、わたしたちの食べものをとりあう点で困りものであると同時に、彼らには彼らの生活があり、それゆえ彼らはわたしたちと一緒に生を楽しみ、ともに生きる愛らしいものである。そのように日本人は考える。ちょうどそれと同じように、神々はわたしたちとは無関係に神々自身の生活を営み、それがわたしたちに、ときに喜びも悲しみももたらすと見ている。つまり神々は畏怖すべき相手であるから、神々に出会うとき、わたしたちはそれが何であれ受け入れるほかない。しかし、それは道で人が出会うように出会うときのことであって、つねにではない。日本人はその悲喜こもごもの生活に生きる意味を見出してきた。そしてそうであるとしか言えないのである。

この神とともに、わたしたち日本人は人間同士でも、信頼したり不審をいだいたりしてきた。信仰がなければ最後のところで裏切るのではないか、と言われても、それは人それぞれであって、神への信仰を持ちださなくても、裏切らない人は裏切らないし、たとえ裏切りが起きても、日本人は、それに耐えることも「ふつう」のことだと思っている。だから、ありていに言って、美徳をもつことについて神との約束（守れば天国に迎えられること）に頼る（美徳の基盤を信仰に置く）という発想は、たいがいの日本人にはよくわからない。

日本人の神に対する誠実さは一神教的ではないし、つねに神の目を意識する信仰ではない。そのうえ、たとえその人が信頼できる神に出会っていないために、神にたいして誠実でなかった（信仰を拒否する）としても、それはたまたまそうであっただけであって、そうだからと言って、その人が人間として信頼できない人かどうかは、日本人には決められない。つまり宗教嫌いであったとしても、だからと言って、その人は信頼に値しない、などとは日本人の多くは思わないだろう。

要するに日本人のなかでは、神を媒介にしなくても、人間同士の信頼は十分に保てるのである。それは日本人の中にある信仰と矛盾していない。つまり人間同士の信頼は、かならずしも神に対する信仰を基盤にもつ必要がない。

一般の日本人には、中国の思想にならって「思慮深さ」を求める知の愛求はあるが、ヨーロッパにあるような始終討議する「知の吟味」はない。同じように一般の日本人は、どの神でもその神に出会えば――祭りのとき、神社に参拝したとき、世界を照らす太陽の姿を前にしたとき、等々――それぞれの場で神に「敬意を表し」、「祈り」、「感謝する」気持ちはある。それがキリスト教会でも、日本人は自分の知っている礼を尽くしておこうと考える。しかし、大部分の日本人はキリスト教のような信仰心をもったことはない。

ヨーロッパにおける哲学と宗教の関係を見るときは、ヨーロッパ人の受けとめかたを基礎にして理解を進めなければならない。それは当然のことだろう。とはいえヨーロッパの学者たちも、信仰については「キリスト教」の影響が絶対的に大きく、それ以外の信仰のありかたが理解できないらしい。著者が参加した哲学の会合で講演したあるドイツの学者は、仏教の信仰をまったく理解できないようだった。

たしかに仏教もまた、その信ずべき教義を経典のなかのことばで明らかにしている。それゆえキリスト教と同様に、知ったうえで信ずる宗教である。しかし仏教は、神を必要としていない。つまり仏教の信仰とは、その道は多様であるが、基本的に自己の「悟り」を求めて修行する宗教であり、悟りとは「自我の無」の自己認識であるから、[3]神の存在を信ずることではない。他方、仏教は、修行に入る力のない人間（俗世にとどまる人間）は、せめてその修行を真剣に行う僧の姿を見て、それを公共的に尊重しなければならない、という思いをもつ信仰である。

ドイツの学者はそれをまったく理解できないようであった。ヨーロッパの信仰は、つねに神についての何らかの教条を知ったうえで、その内容を信じる信仰である。仏教は教義を持つ点で共通であるが、言うまでもなく絶対神への信仰ではない。さらに仏教には、先に述べたように、修行僧の姿に共感して信仰を共有する一般人の仏教信仰がある。この後者の信仰は、社会のなかで仏教を支援するはたらきをする信仰であるから、修行僧の信仰と比べれば二義的なものである。しかし、じつはこの信仰心は神道の信仰と共通な性質をもつ。なぜなら神道の信仰も、立派な修行者の姿を見てその姿を尊崇し、修行者が心を向けているものに自分も共通して心を向けて敬う、その思いに共感する信仰でもあるからである。

日本人は、立派な立ち姿の樹木を見あげて、その生きる姿に畏怖ないし敬意を覚え、その樹木に共感して生きようと考える。こういうことは、ヨーロッパ人の合理的思考からは考えられないかもしれない。しかしこの「共感の道」は、日本人が前文明時代（縄文時代）から持ちつづけた精神によるのではないか、と私は考える。だから路傍の石など、人にくりかえし蹴られ、踏みつけられながらも、挫けずにいるものに、わたしたちはみずからの生きかたを重ねあわせて、自分もがんばろうと思う。それが日本人の道徳をかたちづくってきた基盤ではないかと思うし、日本人の信仰になっているとも思われる。

だとすれば、哲学と宗教の関係を一神教の神に対する信仰しか考えられないヨーロッパの学者の考えに沿って論じられても、日本人にはなかなか理解できない。

だから哲学に信仰がどれほど関係しているかについては、ヨーロッパ人の見方と日本人の見方とのあいだには、本当は断絶がある。いまのところ日本の学者の大部分は、そういうことには触れずにヨーロッパ人の学者の意見をそのまま日本に紹介している。しかしここでは、前述した仕方で信仰をもつ（とりあえず「共感信仰」と名づけておく）日本人の立場（非キリスト教徒）から見て、ヨーロッパの哲学と宗教の関係を考えてみるほかない。なぜならこの著作は、日本人向けのヨーロッパ哲学入門だからである。

4――古代ギリシアの多神教と哲学の関係

自然のさまざまな動きに神の姿を見る精神は、当初はどこの世界にもあったことだろう。一陣の風、太陽と月、大海原と打ち寄せる怒涛、天から投げつけられる雷、強風と豪雨、あるいは、人の心のなかにときに聞こえてくる自分のものではない声、等々、目に見えないもの、あるいは、理由のわからない圧倒的な力によって、生きかたを大きく左右されることが多かった原始時代においては、神々は生活のあちこちにあらわれたことだろう。そして「社会」集団は、神々を尊重することが自分たちを守ることになると信じて、それぞれに宗教儀礼の尊重を社会の良識としていた。

ここまでは、ヨーロッパと日本のあいだに懸隔はない。

相違は、文明のはじまりとともにあった。文明はあらたな文化を生じる。なぜなら文明は人間の生活を変えるからである。自然のうちにあった人間の生活が、自然の一部（土地やその他）を所有して自然を支配する生活へと変わる。それにともない、文化もまた、人間の社会生活がもつ自然の支配、人間どうしの支配の仕方の違いに応じて変わる。

ギリシアの地では、「自由な発言」が活発になされ、それが人間的な神のイメージをふくらまし、「詩人」たちによって不道徳な行為にまで及ぶ情け容赦のない神々の姿が描かれた。拉致、監禁、姦通（浮気）、そのほか人間世界にある現実（たとえば上位のものには従わなければならない、とか、上位の者でもルールには従わなければならないとか）をえぐる描写が、神々を主語として描かれた。それは神々の名を借りた文学的な営為である。

しかし神の名を借りた描写は、神のイメージとして伝えられ、さまざまな解釈を生んだに違いない。プラトンは神の名を借りた犯罪行為の描写を、ひどく嫌った。それはプラトンが、神がいる世界として知的世界を構想したことと関連がある。プラトンはその世界を、完璧な正義が存在する世界と見なしていた。それゆえに、詩人たちが描く神の犯罪は、自分の哲学信条に真っ向から反するもので、ゆるしがたいことだったに違いない。

実際、明確な教義が統一されていない古代の宗教世界では、哲学と宗教の関係は、じつは各々の哲学者、それぞれの哲学から生まれてくる宗教理解によって異なって生じている。宗教理解が変わらずに、それに対して哲学があるのではなく、異なる哲学が生ずれば、その哲学者の宗教理解が新たに生まれ、哲学と宗教の関係が新たに生じたと考えられる。ギリシア世界は多神教の世界だったうえに、詩人たちが活発に神の説話を創造し、発言したと思われるので、宗教教義の統一はもくろまれなかった。

したがってプラトンにしても、それぞれの哲学の立場から、独自に神を語っている。わたしたちは、彼らの宗教理解のみを聞いていると、つい彼らのような宗教理解だけが本当のギリシア宗教の理解であると思いこみやすいが、あくまでも多くあるうちのひとつの理解にすぎないと考えておくべきだろう。

それゆえ、たとえば前に紹介したソフィスト、アリスティッポスのような人の哲学にとって、神の存在はおそらく何ものでもない。彼は社会に対して浮草のように生きるのであるから、それぞれの社会が守った儀礼からも無関係に生きる。したがって、宗教はただの日常習慣にすぎない。郷に入れば郷に従ってその地域の儀礼をおこなっていれば、波風は立たない。自分が信じる必要はない。それだけのことである。

他方、エピクロスのように、ひとつの社会にとどまり良識を守って生きる人間にとって、宗教はそれぞれの時代の儀礼を良識的に守ることである。それ以上のものではない。怪しげな新興宗教の教えに一喜一憂するのは愚かなことであった。ソクラテスはアテネ市民が知っていた古い儀礼を最期まで守っていたと伝えられている。

ただしこのふたりは、人間の内的生活をほかのこととは区別して、特別に考察していたので、神は人が心のうちで考えていることも見とおすものと理解していた。なかでもソクラテスは、エピクロス以上に内的生に目を向けていた。そのため、ほかの哲学者とは異なる哲学と宗教の関係をもっていた。

5――ソクラテスにおける哲学と信仰

ソクラテスは良識的に神に感謝し、それを社会の風習が認める方法でみなの前に示していた。このことは、クセノポンの『思い出』に詳しく語られている。[4] さらにプラトンの『パイドン』によれば、ソクラテスの最期のことばは、「クリトンよ、アスクレピオスの神[5]に鶏を供えてくれ」であった。したがってこの面でのソクラテスは、当時の他の人と行動や主張が特筆するほど異なることはない。

ところがソクラテスには、彼独自の哲学に由来する独自の信仰があったようである。『弁明』に語られている神の信仰である。

ソクラテスは、自分の哲学と自分の信仰を、まったく一致するものとして語っている。実際、ソクラテスは、哲学することは神の命令だという。言うまでもないことであるが、哲学を神の命令とみなす信仰は、おそらくソクラテスのほかにはもたなかった（以下、田中美知太郎訳を一部変更して使用する）。

神の命令によって、わたし自身でも、他の人でも、だれでもよく調べて、哲学しながら生きていかなければならない……（二八Ｅ）。

むしろ神に服するだろう。すなわちわたしの息のつづく限り、わたしにそれができるかぎり、決して哲学することをやめないだろう。(二九D)。

また少し前のところでは、つぎのように言っている。

いまもなおわたしが、そこらを歩き回って、この町の者でも、よその者でも、誰か知恵のある者だと思えば、神の指図にしたがって、これを探して、調べ上げている。そして知恵があると思えないときには、神の手助けをして、知者ではないことを明らかにしている。(二三B)。

ソクラテスがここで言及している神は、デルポイの神殿が祭っている神、アポロンの神(太陽神)である。すでに述べたように、ソクラテスはデルポイの神託「より知恵のあるものはいない」ということばを受けて、とつぜん自分がもつ「知恵」の問題を神によって立てられたのである。その神が立てた問題を解決する過程で、神が「知恵」ということばで言わんとしたことが、自分が「知恵をもたないことを自覚していること」であることに気づいた。

わたしを一例にとって、人間たちよ、お前たちのうちで、一番知恵がある者というのは、だれでもソクラテスのように、自分は知恵に対しては、実際は何の値打ちもないものだということを知った者が、それなのだと、神は言おうとしている」（『弁明』二三B）

それを知る過程で、自分と他者を知について吟味し、自分も相手も善美なことがらを「知らずにいること」を明らかにすることで、両者がいずれも無知を自覚するようにすることが、神が自分に求めている仕事であると気づいた、と彼はいう。それ以来ソクラテスは、あちこちで人を呼びとめては、「問いかけ、調べ、吟味」してきた、と言っている。

ソクラテスによれば、「無知の自覚」が「人間の知恵」、つまり人間がもつべき知恵であり、それを自他にもたらすものが、自他の問答、自他の知の吟味であり、自分はそれを「神から命ぜられた仕事」であると解釈して（信じて）、ほかの何よりも優先して行ってきたと言うのである。

さらにそうしている自分は、いわば「神からの贈りもの」であり、「神からつかわされたもの」であると言う[6]。キリスト教の教義用語を使えば、ソクラテスは「聖霊の賜物」であり、「神から派遣された預言者」だ、ということである。

つまりソクラテスの「哲学」とは、プラトンのように神の知恵を求めることではなく、人間の知恵、すなわち「知恵」と言いながら神の知恵ではなく、むしろ神の知恵をもたないことを知っているという「無知の自覚」としての知恵を、つねに大切にすることであった。

他方、彼独自の「宗教」ないし「信仰」の証とは、そのための行動、すなわち自他を吟味する問答を、自分の生活のなかでほかの何よりも優先して行う「修行」であった。

したがってソクラテスの哲学と宗教には、完全な一致がある。なぜなら信仰の証として行うこと、すなわち知の吟味を、彼は「哲学」と呼んでいるからである。彼の哲学と彼の宗教は完全に同じものである。

たしかに前述したとおり、ソクラテスには一般的風習となっている神々への儀礼が、アポロンの神の神託に従った彼独自の哲学とは別にある。それを考慮すると、信仰のすべてが彼の哲学と一致しているのではない。とはいえ一般的儀礼を行う信仰も、彼の哲学と矛盾するものではない。なぜなら、それを守るのも、無知の自覚から起こるからである。アポロンの神だけではなく、すべての神々が自分よりは知恵にすぐれていること、その判断に従うべきことは、無知の自覚から生ずるソクラテスの知恵だからである。実際、ソクラテスは人間の努力で知ることができないことについては、神にうかがいをたて（神託を求め）、その決定にしたがうべきであると日ごろから人に語り、自分でも実践していた。したがって正確を期するなら、ソクラテス独自の哲学は、彼の宗教全般と比較したとき、一般的に矛盾はなく、ただし特にアポロンの神託にかかわって、アポロンの神の信仰と強い一致（同一性）があるものだと言える。

6——人間の知恵

問題は、ソクラテスがデルポイの神託を受けとることになってはじめて気づかされた「人間の知恵」の内容である。

プラトンの哲学では、哲学は知の愛求であり、愛求の目標となる知恵ないし知識は、本来的に神の手もとにある知識である。あるいはプラトンが語る神話によれば(7)、身体をもたない近似の魂がこの世に生まれでる前に天界で見たものである。したがってその知識は、いま現在は手もとになくとも、いわば「理想」として愛求の「目標」となる。

これはわかりにくい説明ではない。わたしたちが子どものころ、大人たちの手もとにある知識を学び、勉強して、それを手に入れて大人になる、という経験から、プラトンの哲学(知の愛求)は、十分に類推できるからである。

しかしソクラテスが知恵として見いだしたものは、神の知恵ではなく人間の知恵なのだから、彼方にあるとは想定できない。人間の知恵は人間の手もとにあるはずのものである。しかし、ある距離をもって追求できる目標ではなく、むしろ身近すぎて見えないものである。それはどういうその跡を追って追求することができない知恵が獲得すべき知恵だとしたら、それはどういう努力で自分のものにすることができるのか。もともと手もとにある知恵は、どのように努力すれば獲得できるのか。

前述したことだが、ソクラテスの言う「無知の自覚」は、何かをあらためて知ったとき、「自分がかつては知らなかった、ということを知る」ことではない。なぜなら、それは過去の自分の無知に気づくことであって、いま現在の無知に気づくことではないからである。しかしそれなら、どうやっていま現在の無知に人は気づくことができるのか。

自他の知性の吟味、それも知性がもっている知識の吟味によって気づくことができる、というのが、たしかにソクラテス自身の主張ではある。しかし、いったいソクラテスから知の吟味を受けて、無知の自覚を得た人間が、はたして当時、実際にいたのだろうか。

一般に哲学史家たちは、おそらくプラトンはそれを得て、偉大な哲学を生みだしたと考えている。アリストテレスについては、ソクラテスの知恵がわかっていたか、あるいは些細なことだと思っていたと理解している。というのもアリストテレスは、ソクラテスの無知の自覚を、たとえば『形而上学』のなかで検討していない。まるで無視している。

しかしはたしてプラトンは、本当にソクラテスの知恵を理解していたのだろうか。

「知恵者ソクラテス」の評判は、彼自身が存命中にギリシア世界全体にひろまっていた。『弁明』において彼自身が自分は知恵者として知られていると発言しているからには、評判は相当なものであったに違いない。そしてこの評判の大きさが、彼の行動についての一般庶民の誤解を、ソクラテス自身にも手に負えないほど大きなものにしたに違いない。ソクラテスが「だれよりも知恵にすぐれている」という評判は、当時としては、「だれよりもすぐれたソフィスト（知者）である」という理解に簡単に置き換わったからである。

これに対してプラトン個人の評判は、『パイドロス』の書きぶりから見て、おそらくその著作を通じてようやく一部に知られるにとどまっていた。プラトンは、自分の作品に「ソクラテス」を登場させることによってようやく自分の作品を読んでもらえるほど、ソクラテスの大きな影のもとで生きた哲学者だった。しかしプラトンの作品に登場するソクラテスが語るのは、無知の自覚ではなく、「知の愛求」であり、思惑と区別される真理という、ピュタゴラス学派の哲学なのである。

数百年後のキケロも（他の人々と同様に）、ソクラテスを「哲学の父」と呼んでいる。おそらく、プラトンの名声は、セネカのころかアウグスティヌスのころ（紀元後一世紀〜五世紀）、すなわち古代と呼ばれる時代が終わりに近づいたころ、ソクラテスの評判を独自に伝えるプラトン学派以外の学派が力を失うころになって、ようやく人々のあいだにひろまるようになったのではないかと推察される。

7――無知の自覚とは

では、ソクラテスが「人間の知恵」と呼んだ無知の自覚とは、何だったのだろうか。それを知るためのことばは、『弁明』のなかに残されている。

なぜなら、死を恐れるということは、いいかね諸君、知恵がないのに、あると思っていることにほかならないからだ。なぜなら、それは知らないことを、知っていると思うことだからだ。なぜなら、死を知っている者は、だれも居ないからである。（二九Ａ）。

ソクラテスが言わんとしていることは明白である。生きているあいだは死んだことがないのであるから、人はだれも死を知らない。したがってそれは人間にとって、善いものか悪いものか、言い換えると、死ぬことは生きているよりも幸せなことか、それとも不幸なことか、だれも知らない、ということである。無知の自覚はこの知らないことを、そのとおりに、知らないと思うこと（二一Ｄ、二九Ｂ）であり、知らないのであるから、人間はだれしも死については恐れる理由をもたない、ということである。

以上のことが意味することは、ひとつではないかもしれない。しかし、少なくともこの無知の自覚は、たとえソクラテスという個人がもった自覚であったとしても、「人間一般」にとっての「無知」を、だれもが自覚すべきだと言おうとしているのであって、「特定のだれかにとってだけの無知」について、だれもが自覚をもつべきだというのではない。これが何を意味するかと言えば、ソクラテスが言う「無知」は、「人間が本質において（人間が人間であるかぎりで）もつ無知」であって、特定のだれかだけにある個別の無知ではない、ということである。

他方、わたしたちが一般に、他者に知られたら恥ずかしいと思う無知は、ほかの人が知っているかもしれないことがらについての個別の無知である。「知るはいっときの恥」と言われるときの無知は、この無知である。

わたしたちが一般に思い浮かべる無知は、ほとんどがこの種の無知であり、それゆえに、わたしたちは、「無知を知ること」によって、自分の無知な状態を恥ずかしく思い、あるいは残念に思い、あらためて、知らなかったことを「知ろう」と努力をする。

これは探究心と言われるものである。この探究心によって、人は知識を増やしていく。そして他者とのあいだに知識の差を生じる。

プラトンはソクラテスの無知の自覚を、この探究心の出発点に置いた。つまりプラトンは、一般常識的にとりあげられる無知、すなわち個々人のあいだで相違している知――あの人はよく知っている、頭がいい、一方あの人は無知だし、頭が悪い、と言われるときに考えられている知――と無知、すなわち知の分量に個々人のあいだで差が出るところの無知についてしか考えていない。ところがソクラテスの無知の自覚は、そういう直すべき無知についての自覚ではなく、むしろ「人間が人間であるかぎりで永遠にもたざるをえない無知」の自覚なのである。

わたしたちが一般に人に知られたら恥ずかしいと思っている無知は、努力すれば無知であることをやめて、知に交換できる。つまり「恥ずべき無知」である。ソクラテスが言う「無知」は、人が努力して自他の吟味をくりかえしても、その無知が何度でも明らかにされるだけの無知である。「あきらめるほかにない無知」である。人間であるかぎり永遠的で普遍的な無知である。

ソクラテスが『弁明』のなかで指摘しているのは、「死についての無知」である。このときソクラテスは、自分個人のなかに、人間本質が担っているこの無知を見いだしているのである。

また、人間は未来を知ることはできない。未来はまだ経験していないことだからである。そしてさまざまな美徳についても、完全に知ることはできないことをソクラテスは見抜いている。

くりかえすが、ソクラテスは自分のうちに、人間の本質を見いだしている。しかし、人が自分のなかで、自分個人を飛び越えて「人間の本質」をとらえることは、言うほどにやさしいことではない。なぜなら、一般人が知っている「人間本質」の概念は、真実の本質ではなく、たいていが思惑にすぎないからである。

人間はサルより賢い動物に違いないとか、人間は他の自然より優秀な存在であるはずだから他の自然のうえに「君臨していなければならない」とか、たいていの人は、そういう思惑を人間の本質であると考えている。一般にアリストテレスの定義として知られる「人間は理性的動物である」という定義も、哲学の世界(専門家のあいだ)では人間本質の知識とされているが、実際には、アリストテレスによって吟味された「人間についての思惑」にすぎない。それに対してソクラテスは、人間の本質がもつ「真実の姿」を見いだした。それがある種の「無知」だったのである。それを成し遂げたことにおいて、疑いようもなく彼は天才なのである。

8――ソクラテスと世界宗教との共通性

このようにソクラテスが見いだした「無知」が、人間の本質におけるものだという理解が真実であるなら、世界宗教についても似たような理解が可能である。「無知」は人間にとって本来喜べないものではあるが、同様の主張が世界宗教の教祖ないし宗祖のうちに見いだせるからである。

たとえば人間イエス（ナザレのイエス）(8) は、さかんに「罪」をとりあげる。使徒パウロも同様である。日本では、親鸞に「悪人」正機説がある。また仏教の開祖・釈尊は「無我＝非実体」を見いだしたと一般に考えられている。

罪も悪も、無知と同じく、通常の人間は隠しておきたいものである。他方、自我に実体がないことは、自分自身に依拠することができないことを意味する。なぜなら「実体」とは、他のすべてが「それによって」、あるいは「それにおいて」、はじめて存在するものだからである。したがって「自己」が「実体」でなければ、すべてが無である。

しかし、彼らがこれらを人間の本質にかかわる問題であると考えたことには理由がある。もしイエスの言う罪が特定の個人の罪であるならば、イエスの教えは人間一般の救いにはつながらない。なぜなら宗教における人の救いは、個々人において異なる課題、たとえば他者と比較して不足しているとか、他者と比較して遅れているとか、そのような課題の解決ではないはずだからである。たとえ解決の結果は個々人に異なる仕方で現れるとしても、課題自体は人間の本質に根があって、そうであればこそ、その救いが普遍的な人の救いになる、宗教の救いとはそういうものでなければならない。

仏陀は自分のなかに人間本質の真理を見いだすことを、「あきらめる」と言った。それは現代語の「あきらめる」のような消極的な意味をもつことばではない。「あきらめる」は「明らめる」であり、他者に対してではなく「自分に向かって明らかにする」こと、まさに「自覚」を意味する。

釈尊はおのれの無我を自覚した（みずからのうちに人間一般の無我を見いだした）。おそらく同様に、親鸞はおのれが悪人であることを自覚した（みずからのうちに人間一般の悪を見いだした）。イエスが自分のなかに神による救いを感じたとするなら、彼は罪人であることを自覚した（みずからのうちに人間一般の罪を見いだした）のではないか。それはソクラテスがおのれの人間本質において無知を自覚したことによって、じつは真実の知を見いだしたのと同様であると理解することができる。

ソクラテスは死についての無知を自覚することによって、死を恐れない勇者でありえた。すなわち「勇敢さ」の知恵（死を悪だと知って恐れる理由がない）を見いだした。同様にイエスも、人間本質における罪をおのれのうちに自覚することによって、罪にとらわれず、罪から離れる「救い」の知恵を見いだしたのではないだろうか。

親鸞の場合もイエスの場合も、他人と比べて自分のほうが罪が重いとか、逆に罪が軽いとか、悪どさが違うとか、そういった他者との比較の視点が入るたぐいの悪や罪を自分のなかに見いだしたのではない。このことはくりかえし述べておきたい。そのような比較の視点があったとしたら、それはみなを救う教えにはならない。むしろ救われたイエスたちに対する妬みを生じただけだろう。そんなイエスの教えには普遍性はなく、宗教とはならなかっただろう。

ちなみにキリスト教における他者との比較の入る罪は、「自罪」と言われ、それに対して人間の本質上の罪は「原罪」と言われる。イエスが問題にするのは、自罪ではなく原罪なのである。

それゆえキリスト教でいう神による救いは、本来、自罪についてあるのではない。なぜなら原罪こそが個々の自罪を生みだす元凶であり、苦しみの元凶である。悔悛したとき消えなければならないのは、個々の自罪ではなく、苦しみの元凶である原罪のほうなのである。それでこそ悔悛がだれにとっても「救い」となる[9]。

たしかに罪や無我が人間の本質であることは、哲学に長い歴史があっても、哲学者によって確かめられたことはない。じっさいアリストテレスによる人間の本質定義は、「社会的動物」あるいは「理性的動物」である。「人間は無知である」とか「罪人である」とか「悪人である」とか「人間は無である」とか、この種のことが哲学の命題として言われることはない。それゆえ、それらは哲学のなかでは人間の本質命題として知られていない。

この思想的中身の検討は、この本が哲学の入門書ということでもあり、ソクラテスの事例のみにさせてもらいたい。ただひとつ、彼らが一様にアリストテレスをはるかにしのぐ天才と推察される事実は、指摘しておきたい。

イエスも親鸞も釈尊も、ソクラテス同様、それぞれが生きていたその当時の人々から知恵者と見られていたことが伝わっている。

福音書の記述によれば、イエスはユダヤ教の保守的な人々に恐れられていたと推測できる。イエスはつねに彼らの問いに見事に答えた。じっさい彼の答えは、まるで神から受けとった知恵のように聞こえるものであった。そして福音書を読むかぎり、どう考えてもイエスは罪を捏造されて十字架にかけられたのである。彼の言動はそれだけ当時のユダヤ教の権威者を危険にさらすと恐れられていた。

他方、釈尊の得た知恵が、やはり一般人を超えたものと受けとられていたことは、当時の人々の帰依のようすから見ても疑いようもない。親鸞も「内には愚、外には賢」と言っていた。つまりおのれは愚者であると思っていたが、はたから見るなら賢者であった。

ただし、ソクラテス以外はみな「宗教」の天才であった。それに対してソクラテスは、自分のはたらきを「神のお告げ」として語るよりも、むしろ「哲学」、すなわち「知恵を大切にする」生きざまとして語っていたゆえに、またギリシアでは「哲学」という言葉がすでに人口に膾炙していたところへ、ソクラテスの問答が、当時ソフィストが売りこんでいた演説（弁論）と同類のものに見えたことがあいまって、時代が下るにつれ、彼だけは「教祖」ではなく第一級の「哲学者」、「哲学の父」として尊敬されることになった。

しかし言うまでもなく、裁判にかけられた時点では、ソクラテスは「新しい宗教を興そうとしている」と誤解され、それゆえに「古来の神を尊崇せず、あらたな神を導入しようとしている」という理由で宗教裁判所に訴追された。伝統を重んじる保守的な人々から、ソクラテスがあやしい新興宗教の教祖になろうとしているのではないかと疑われたことは、おそらく事実であっただろう。それゆえ彼の言動いかんでは、彼の名は哲学者としてよりも、新たな宗教の教祖として伝わったかもしれない。

ソクラテスがそれほど他の哲学者とは格の違う存在であったことは、注意しなければならない。彼の語ることが「宗教的」に聞こえても、それは彼のことばが他の教祖たちと同様に、人間の本質に踏みこんでいるからであって、ほかの理由によるのではない。

他の教祖たちがそれぞれただひとつのこと――「罪」とか「無我」――を述べたのではないように、ソクラテスも「無知」のみを表明したわけではない。

9――無知の自覚の本質

ソクラテスにおける「無知」は、人間の本質におけるそれであるだけでなく、「それが自覚された」ことにおいて、まさに「知恵」であった。それは、無知が自覚されるならば知も自覚されるほかない、という矛盾した対象についての「自覚の同一性」に由来する。

言い換えると、自分の無知を「あきらめる」ことができた人は、必然的に（なぜなら、実体としては同じことなので）、自分の知を「あきらめる」ことができた。すなわち、「知らないことを知らない」と、すなおに、「知らない」ことを、そのまま心に受けとめる（「あきらめる」）人は、「知っていることを知っている」と、すなおに、自分が「知っている」ことを、そのままに受けとめることができる人だからである。

たとえば、自分より知恵があると見いだした者がほかにいるならば、その者がくだす判断や命令に従うことこそ正しい人間のすることである、と判断する。これは人間が本来的にもつ知である。ソクラテスはこのことを知っている自分を見いだし、それゆえにソクラテスは出征したとき（彼は実際に、三度、戦地に赴いている）、将軍は自分より戦場のようすを知っていると考えられるゆえに、そのときの将軍（市民の多数決によってそのつど選ばれた）に命じられた場所に行って、その場から離れずに戦った。同じように、人間にすぎない将軍よりも知恵があるに違いない神の命令で指示された場所があれば、その場でよりいっそう死を賭して闘わなければならないと彼は知っていたし、知っていることを自覚していた。

同時にソクラテスは、死については無知であることを自覚していた（くりかえすが、知の自覚と無知の自覚は同じものなのである）。それゆえ、自分がなすべきこと（神からの命令）と比較しても、彼は死を恐れはしなかった。[10] だから彼はつぎのように人々に言ったのである。

人がどこかの場所に、それを最善と信じて、自己を配置するとか、あるいは長上の者によって、そこに配置されるとかした場合には、そこに踏みとどまって、危険を冒さなければならないと、わたしは思うのでして、死もまた他のいかなることも、勘定には入りません。それよりはむしろ、まず恥を知らなければならないのです。

だから、わたしは、とんでもない間違いを犯したことになるでしょう、アテナイ人諸君、もしもわたしが、諸君の選んでくれた上官の命令によって、ポティダイアでも、アンピポリスでも、またデーリオンでも、かれらによって配置された場所に、他の人と同様、踏みとどまって、死の危険を冒しておきながら、いま神の命によって――とわたしは信じ、また解したのだが――わたし自身でも、他の人でも、だれでもよくしらべて、この知恵を大切にしながら生きていかなければならないことになっているのに、その場において、死を恐れるとか、何か他のものを恐れるとかして、命ぜられた持ち場を放棄するとしたなら、それこそとんでもない間違いを犯したことになるだろう。そしてそのときこそ、神々の存在を認めない者であるとして、わたしを裁判所へ引っ張り出すのが、本当に正しいことになるだろう。神託の意に従わず、死を恐れ、知恵がないのに、知恵があると思っているのだから。(『弁明』二八D―二九A)

この弁明が、当時の一般の人にとって理解がむずかしいものだったのは無理もない。ソクラテス自身からすれば、無知の自覚と知の自覚が同一であることは自明でしかなかっただろうが、それぞれを別々に考えるほかない一般人にとっては、ソクラテスの弁明は、一次方程式を教えられたばかりの子どもが、いきなり連立方程式の問題を解くように言われているようなものだからである。

ここには、自分より知恵において上位と信じられるものがいれば、その者の判断に「従う」ことが「正しい」という、だれにもわかる常識の「知」についての自分の判断と、もうひとつ、死についてはだれも知らないし、自分も知らないという、一般の人々が常識から遠ざけて忘れている「無知」についての自分の判断(死は良いか悪いかわからないから恐れる理由が見つからない)が並べられ、このふたつの判断から、結論として、当然のように彼はつぎのような判断を導く。

その結果として死刑になろうとも、自分は神が命じたこの場所（アテナイの町）から離れずに、神が命じたこと、自分でも他人でも、その知を吟味する仕事があるのにそれを放棄することは、決してしてはならない。なぜなら、そうすることは、不正だからである。

ソクラテスはこの結論を、『弁明』において、つぎのように述べている。

不正をなすということ、神でも、人でも、自分よりすぐれている者があるのに、これに服従しないことが、悪であり、醜であることは、知っている。だから、わたしは、悪だと知っている、これらの悪しきものよりも、ひょっとしたら、善いものかもしれないもののほうを、まず恐れたり、避けたりするようなことは、決してしないだろう。（二九B）

死刑を求刑されるような裁判では、「後生だからゆるしてくれ」といった、だれにもわかりやすい弁明がふつうだったらしい(11)。ところがその場で、ソクラテスはいつものように、このような連立方程式を持ちだし、その解を考えてもらうことを裁判員たちに要求したのである。当時の裁判は専門家による裁判ではない。一般人のなかから五〇〇人がくじで選ばれ、裁判を行う市民裁判である。したがって、裁判員とはいえ専門の訓練を受けた人たちではなく、ごく普通の人にすぎなかった。そういう当時の裁判員たちに、この連立方程式がわかってもらえなかったとしても、無理はないのである[12]。

とはいえ彼の裁判での弁明は、まだ若かったプラトン（当時三〇歳前後と推察されている）によって、その重要な部分が記憶にとどめられ[13]、本になり、後世に伝えられた。つまりソクラテスの弁明の内容は、のちの人々にその判断がまかされたのだと見ることができる。したがって、ソクラテスの弁明の理解の義務、すなわちアポロンの神が、人間がもつべき知恵だとソクラテスに教えたことを理解する義務、並びに、ソクラテスがもった「知恵」自体を学ぶべき義務は、後世のわたしたちにある。

ソクラテスは、つぎのように断言している。

> 徳その他のことがらについて、わたしが問答しながら自他の吟味をしているのを諸君は聞いておられるわけだが、これらについて毎日議論するのが、これが人間にとっては最大の善なのであって、吟味のない生活というものは、人間の生きる生活ではないと言っても、わたしがこう言うのを、諸君はなおさら信じないであろう。（三八A）

もしもソクラテスが「教祖」となっていたら、ここで言われていることがその宗教の教義となり、信仰となり、僧侶が行う修行になったことだろう。すなわち、問答しながら自他の吟味をすることが、ソクラテスの宗教における修行となっただろう。すでに述べたように、無知の自覚の「知恵」とこの「修行」は一致するのだから、その宗教においては、修行と知恵の一致が言われたことだろう。それは曹洞宗の宗祖・道元が考えた「修証一致」（修証一等）、すなわち禅の修行と仏陀の悟り（証）の一致の主張と変わらない。この仏教との類似性から言っても、ソクラテスの哲学は、宗教とのあいだに大きな共通性をもっている。

したがって、ソクラテスの哲学は宗教と区別しがたい共通性がある。それは仏教が宗教でありつつ、ソクラテスの哲学と似て、おのれを知るための哲学でもあることと同類のことなのである。

また、ソクラテスはつぎのように話してまわった、という。

諸君のうちの若い人にも、年寄りの人にも、誰にでも、精神ができるだけすぐれたものになるように、ずいぶんと気をつかわなければならないのであって、それよりも先、もしくは同程度にでも、身体や金銭のことを気にしてはならないと説くわけです。そしてそれは、金銭をいくらつんでも、そこから優れた精神が生まれてくるわけではなく、金銭その他のものが、人間のために善いものとなるのは、公私のいずれにおいても、すべては精神のすぐれていることによるのだからと言うわけです。（三〇B）

これは、まさに「汝自身を知れ」という、デルポイの神殿に彫られていた箴言を教義とする宗教の説教でなくてなんだろうか。それはおのれの無知に心底気づくまで問答の修行をつづけることを求める宗教の説教であり、無知の自覚を得たなら、それを大切にして、やはり他者と問答し、自他の吟味を日々つづける修行を、まさに真理と知って信仰する宗教なのである。

彼は、ほとんど無所有とも言える貧乏世帯のまま、毎日人々に精神を気づかうように説き、身体もそれの付属物も、たとえば金銭も、そのことと比べたら配慮すべきことがらではないと、つねに説教してまわったという。このように説いてまわるソクラテスは、日本人から見れば、どう見てもギリシアに現れた仏陀であり、「論理」に訴える合理性を重視した地域に、あらたな宗教をひらく教祖であった。

10——イエスの宗教とキリスト教会

さて、キリスト教を宗教として語る前に、イエスの宗教を述べておかなければならない。というのも、ソクラテスの宗教——つまりその「知恵」——が、プラトンによって理解されたうえで伝えられた事実はないと思われるように、わたしにはイエスの宗教も、キリスト教会が理解して伝えているようには見えないからである。

しかも福音書を虚心に読んでいると、イエスの宗教はもともと洗礼者ヨハネの宗教であって、イエスはその継承者なのではないかと思われる節がある。当時は、洗礼者ヨハネこそが「預言者」のうわさが高く、その地域の領主まで、ヨハネを預言者と見て畏れていたと聖書のなかで言われているからである。

ヨハネのもとには「エルサレムとユダヤ全土、また、ヨルダン川沿いの地方一帯から」たくさんの人々がやってきて洗礼を受けたとされる(マタイ3・5–6)。それに対して、イエスの弟子となったのは、冴えない男がせいぜい一〇人程度であったようだ。[14]

当時の評判の点からいえば、洗礼者ヨハネのほうがイエスの師匠であり、ヨハネがイエスの宗教の教祖であったと見るべきだろう。それゆえ、福音書がイエスの教えとして伝える内容の多くが、もともとはヨハネのものであったとも考えられる。イエスの弟子の多くはヨハネの死後にイエスの教えを受けたので、ヨハネの教えを知るはずもない。そして新約聖書は、その弟子たちの伝えをもとにしているのであるから、それらをイエスの教えであるとしか伝えていない。

弟子たちは、イエスの死後に起きたこと、つまり三日後にイエスがよみがえり、代わりに聖霊を送ると約束して昇天した、という「事実」を伝える。[15] このことによって、弟子たちはイエスを、特別に神に愛されたものと認識した。

この認識にしたがって、おそらくは記憶の書き換えが起こり、弟子たちのあいだでは、イエスはキリストであり、「神の子」がイエスの「真の姿」、イエスの実体である、と信じられた。弟子たちは、この三日後の復活とそれに付随する事実を信ずる人だけを、自分たちの仲間に受け入れた。この仲間だけが神から聖なる霊を受けて天国に迎えられる約束を得ることができると見なし、教会をつくったのである。

それゆえ、イエス＝キリストが「神の子」であれば、「父なる神」がいて、教会を霊的に支える「聖霊」がいる。旧約聖書は、預言者の口を通して「父なる神」が人間にもたらしたメッセージであり、福音書は、弟子（使徒）たちの口を通して「神の子」が人々に教えた神の教えであり、使徒たちの書簡は、使徒たちの口を通して「聖霊」が信者たちに教えた信仰なのだ、と理解された。このように、キリスト教会の「三位一体説」は、聖書の全体を、三つの隠れた主語の語りとして読み、そのどれをも偏りなく等しく受けとらなければならないことを意味している。そしてこの三位一体説は、旧約の神を同等に重視することによって、初期エルサレム教会のユダヤ人キリスト教徒と、使徒パウロに代表され、パウロによる宣教を聞いて信じた異邦人キリスト教徒のあいだの意見の食い違い（教派間の争いがあった）を、平穏に収める力になった。

十字架で死んだあとの「三日後のよみがえり」の事実は、それを起こした神の存在を、弟子たちに信じさせたようである。それはキリスト教会の信仰の起源になった。

しかしわたしは自分が多神教の文化にいるせいか、はたして「そういうことだから唯一最高の神が本当にいる」と素直に考えられるのか、正直なところ疑問に思える。実際、自分の信仰を曲げずに十字架刑という無残な死を遂げたことで、イエスの立派さ、つまり彼の敬神、勇気は十分なものではないかと思える。キリスト教会が言う「よみがえり」の事実は、余計ではないか。イエスの敬神（信仰）を信じるために、イエスがよみがえること、それによってイエスが神であることは、イエスの教えを信ずるために必要なものなのか。日本人の常識からすれば疑問が起こらないか。弟子に見捨てられた彼の非業の死に心を揺さぶられたものにとっては、その人間が神の力で「よみがえった」と言われると、かえってその神に対して不信の念が生まれてくるのではないだろうか。

たとえば、死にかけて入院した人間が、三日後にぴんぴんして退院してきたとしよう。とりあえずは、それは喜ばしいことであるが、それでもそれを聞いたとき、わたしには、「心配して損をした」という思いが浮かぶ。むしろだまされた気分である。

それと同じように、イエスが死んだことを知ったあと、「三日後によみがえって父のもとに帰った」と聞くと、しかもその奇跡を起こしたのが父なる神だと聞くと、その父なる神は、人に息子の死の心配をさせておきながら、ちゃっかり息子をよみがえらせて自分のもとに呼び寄せた、としか受けとれない。「人の心をもてあそんでいる」だけではないかという印象を受ける。

そういう神を「信じろ」というのは、わたしにはよくわからない。しかも母系制の文化にいる人間にとって、父親しかいないキリストはどうにも寂しげに見える。たしかに聖母崇敬をカトリック教会は認めているが、聖母とはいえ、父なる神のはるか下に置かれる聖母像は、息子のキリストのおかげで面目を保っている乳母か、家事手伝いの身分に見えてしまう。

キリスト教会は、当初はみすぼらしい新設の教会（少人数の集団）にすぎなかったはずである。言うまでもなく、その後、弟子たちが見聞きしたことが積極的に伝えられて（この過程において、さまざまな噂めいたものもつけ加わった）、福音書がつくられた。さらにその後、さまざまな縁を得て、プラトンその他の哲学を素養としてもつ人まで教会員（信者）として得るに至って、現代に至るまでの力をもつ世界規模の教会になった。

そのため、キリスト教会自体は、自分たちの聖書がイエスの教えをほかのだれよりも忠実に伝えている正統な権威であると、二〇〇〇年の伝統をもって表明している。

11――イエスの宗教

わたしはキリスト教徒ではないので、教会の言うままに信じる義務をもたない。また、すでに述べたように、一般の日本人として、教義を知ったうえでもつ信仰をもつことを心得ていない。

わたしの理解では、一般の日本人は、神社の参拝方法などの一部の儀礼は知っていても、神道の教義を知っているわけではないし、どこでそれを教えているのかも知らない。神社の氏子になるために教義を知らなければならないなら、神社のほうでも氏子を得るために、その教義を積極的にひろめようとするに違いないが、そういうことを積極的にしている神社があるとは、わたしはほとんど聞いたことがない（新興宗教の場合はもちろん別である）。

わたしは日本に一般的にあるのは、何かすぐれたものを感じさせるものへの共感を土台とした信仰だけであって、ヨーロッパにあるような理性にもとづく信仰はないと判断している。それゆえ、信仰の対象についての「理解」は、信仰にとって不可欠のものではない。理解できなくとも、立派な大木を見て感じるものがありさえすれば、信仰が認められるのである。

こういう日常をもつ人間でありつつ、ソクラテス流の論理を学んだ人間の目から見ると、イエスの宗教とキリスト教会の宗教が完全に一致しているようには、どうしても見えない。いや、たしかに一部は一致している。しかし、その一部がはたして本質的な一部なのかどうか、それも明確ではない。

じっさい、イエスは「誓ってはならない」と教えた、と福音書は伝える[16]。しかしキリスト教会は、教会に入る（教会員になる）に際して、「信仰の誓い」を求める。キリスト教会は、イエスは信仰の誓いまで否定したのではないと説明するが、納得できる説明には聞こえない。しかも「誓ってはならない」という教えは、イエス自身の他の教えと矛盾していない（少なくともわたしの耳にはそう聞こえる）。

なぜなら「誓う」とは、命がけで守ることを意味するが、イエスによれば、自分の命も神から与えられたものであって自分の所有ではない。だれの命であれ、もともと神のものである。それをあたかも自分のものであるかのように、「自分の命にかけて」と誓うとすれば、他人のふんどしで相撲をとるようなものである。神の持ちものを勝手に使って気張っているだけだ。つまり「誓う」とは、神のものを自分の所有にすること、言い換えれば、神から盗みをはたらくことに等しい。それゆえにイエスは、端的に「誓うな」と教えていたに違いないと思われる。

おそらくイエスにとって、信仰は誓うものではない。教義を知って、それを信じると誓うことが信仰だという認識は、イエスにはないと思われる。むしろイエスにとっての信仰は、人間の本質としての「罪」を自分において見いだし、罪という「自分の貧しさ」に気づくことであると言えるだろう。この貧しさは本質上のものである。人間がなにかを成し遂げれば、その貧しさを豊かさに置き換えることができる、というしろものではない。人間がなにをしようとも、つまり信仰を得ようと努力しても、信仰を誓っても、人間が人間であるかぎり貧しいまま、そういう貧しさを言っている。

このことを具体的事例で示しているのは、おそらくはイエスの弟子ではなく、名もない女性によって伝えられた事件である。その話は「ヨハネによる福音書」第八章に、当の福音書が弟子たちの話によってつくられたあとになって、なぜか挿入されたというのが、聖書学者たちの一致した見解である。

当時のユダヤ教は、ローマ帝国の支配のかげで信仰心にもかげりが生じていたと思われる。

保守的な人たちは、イエスの教えが自分たちユダヤ教をさらに大きな存続の危機に陥れると恐れていたらしい。

あるとき、イエスがエルサレムの町なかで人々を前に説教していたところへ、律法順守にこだわるユダヤ教徒でファリサイ派と呼ばれている人々がひとりの女を連行してきた。

「この女は姦通の現場でつかまえたのだ。モーセの戒律によれば、石打ちの刑で殺さなければならない。先生、あなたなら、どうしますか」

とイエスにたずねた。イエスは黙って地面に座りこんでしまった。どうやら返答に窮したようすであった。女を連れてきたものたちは内心、「してやったり」と思っただろう。ところが、ふいにイエスは立ちあがって、

「罪のない者から石を投げなさい」

と言い放ち、ふたたび座りこんでしまった。イエスはその結果を見ることを恐れたようだった。だれかが投げた石が引き金になって、女がつぎつぎに投げつけられる石に打たれて殺される残虐な場面を覚悟したのかもしれない。

ところが、まったくの無言のうちに、そこにいた人々は、年長のものから順番に去っていき、座りこんだままのイエスと女だけが残った。イエスは静かになったあたりのようすに気づいて立ちあがり、あたりを見まわして、ようやく恐れていたことが起きなかったことを知ったらしい。

イエスは女に訊ねた。

「みんな、どうしたのか」

「みんな去ってしまいました」

と女は答えた。イエスはおそらく、こんな恐ろしいことはもうごめんだと思ったのだろう。

「おまえの罪はゆるされたのだ。行きなさい。しかし、もうするな」[17]

と言って、自分も女のもとを去ったという。

この話を福音書の著述家に伝えたのは、この女以外にはありえない。それは話の内容からも明らかである。しかしそれはそれとして、そこで起きた出来事は、イエスの説教内容と関係している。

イエスは「情欲をもって女を見たものはすでに姦通の罪を犯している」(マタイ5・28)と聴衆に教えていた。だとすれば、姦通の罪を犯した女を見せられた聴衆は、「罪のない者から」と聞いて、ひとり残らず自分の罪に気づいたことだろう。なぜなら当時、市中で屋外にいるのは、ほとんど男だったからである。

連行されてきた女は売春婦だったに違いない[18]。そうでなくても、「姦通の罪を犯していた」と聞いて、その場にいた男たちは、この女を尻軽と見たことはたしかだろう。

ところで、情欲をもたずに性の商品を見ることは、購買欲をもたずに店頭の商品を見ることと同様に、むずかしいはずである。それはただの尻軽女でも変わらない。男たちは、姦通をしていた女を情欲なしに見ることはできなかった。

そうであれば、理屈は簡単である。罪のある人間が、同じ罪を犯した人間を裁く権利はない。

イエスから「罪のない者から」と言われ、女の罪よりもむしろ自分の罪深さに気づいた男たちは、石を投げて裁くことができずに、黙って去ったのである。

男たちひとりひとりが心のなかで気づいたであろう情欲の罪は、人間の本質に属する罪であった。もしその罪が、自分が身体で現実的に犯した罪（自罪）にすぎなかったなら、女はゆるされなかったかもしれない。イエスの話を聞くような男は、ある程度身持ちもよかったはずで、売春婦や尻軽女と姦通をくりかえしたりしていなかっただろうからである。

つまり姦通の罪の重さに大小の「比較」がある場合には、男たちは、女のほうが自分よりも罪が重いと考えた可能性がある。またユダヤ社会は父系制であり男社会であるから、女の姦通の罪は、男の姦通の罪より重いと考えることもありえる。それなら、女の罪を自分が罰してもかまうまいと考えて、石を投げる男がいても不思議ではなかった。

実際には、そう考える男はそこにいなかった。つまり男たちはイエスのことばを聞いて、個々人で異なる自罪ではなく、共通の原罪に気づいたのである。おのれの原罪に気づいたことで、男たちは女を裁くことができなくなった。言い換えれば、犯された罪を、だれもが共通にゆるすほかなくなった。

イエスの宗教の論理では、男たちが裁くことができなくなったのは、人間を超えた力がその場にはたらいたからである。そしてこの人間を超えた力は、疑問の余地なく神の力である。神がはたらいたからこそ、話しあいをしたわけでもないのに、全員が同じ判断をくだし、聖書に明記され、だれもが知っている戒律（モーセの律法）が石打の刑を命じているにもかかわらず、裁くことをあきらめてその場を去ったのである。神の律法に反することを可能にするものがあるとすれば、それは神の力以外にはない。

しかもこの神の力は神の愛である。人間の罪をゆるす力だからである。愛にはさまざまな愛があるが、罪をゆるすのも、ひとつの愛である。

イエスの論理によれば、原罪をゆるされたものは、神の国にいる。なぜなら、もともと人間は祖先アダムにおいて神にゆるされない罪を犯したことで、罰として楽園を追放されたからである。しかも追放されたのはアダムとエバだけではなく、その子孫すべてが、である。この事実は、この罪が個人の罪（自罪）ではなく、人類全体の罪（原罪）であることを示している。

しかし人類の罪であっても、個々人がその原罪を払拭するなら、罪がなくなったのだから追放刑はとり消され、楽園に戻される。そこは神が支配する国である。神の愛に満たされた場所である。[19] ここでは人は人を裁くことはできないし、七の七〇倍（限りなく）ゆるされる。[20] 神の国は、神の意志（＝神の愛）が支配しているからである。裁く力は神にしかない。

連行された女を見た男たちは、イエスのことばを聞いて、自分の原罪に気づき、気づいたことで男たちの心に神の愛が及んで、男たちのなかにあった原罪が払拭され、その心が神の国に帰ったために、神の支配を受けて女を裁くことができなくなった。このように説明できる。

一方で、姦通の罪を犯した女の自罪や原罪がゆるされたわけではない。情欲の目で女を見た男たちの原罪がゆるされただけである。しかし当の現場では、男たちは裁くことをあきらめて帰ってしまったのだから、当面の女の自罪も事実上ゆるされてしまっている。イエスも結果的に「お前の罪はゆるされた」と認識した。

しかし女は、石打ちの刑はゆるされても、個人が犯す個々の罪（自罪）が神にゆるされたのではないし、原罪が払拭されたのでもない。イエスも女に「もうするな」と言っている。したがって、女は神の国に帰っていない。自分の眼前で起きたことの意味は、女には、わけのわからないものだったかもしれない。

話をもとに戻そう。

イエスは「原罪」、すなわち人間の本質上の罪を「心の貧しさ」と見ている。その罪に気づくのは、自分のなかにそれを見つけることである。

言うまでもなく、この場合の「自分」というのは、「心において見いだしている自分」である。鏡に映る自分の外形ではない。心の貧しさに気づき、そのことが自分に明白であるとき、人は神の無限な豊かさに気づく。それは神の愛である。もちろん気づくのは神の豊かさにであって、それに気づいた自分が、気づいたことで豊かになるわけではない。なにをどうしようと、自分自身は本質的に、言い換えると、永遠に「貧しいもの」でしかない。しかし自分の貧しさに納得できるあいだ、人は神の豊かさに出会う。空になった魂に神が宿る(神の恩寵に満たされる)[21]。つまり神の愛の力が自分に及んでいることを知るのである。

イエスは、神の豊かさに気づくのは、その人が天の国にいるからである、と教える。なぜなら、神は天の国でしか会えない相手であるから。

こうして、山上の垂訓の第一の教えが生まれている。

心において貧しいものは、さいわいなるかな。その人は天の国の住人である。[22]

このように考えを進めれば、「誓ってはならない」という教えと、山上の垂訓の第一条の教えのあいだには、なんの矛盾もない。したがってイエスの宗教では、信仰は誓うべきものではない。これは論理的には明らかであろう。

イエスの信仰は、罪深いばかりの世の中において、自分の心のなかに真理(「心は貧しい」という命題)を見いださなければならない、というものである。自分の心の貧しさと神の豊かな愛に気づき、自覚するのがイエスの信仰である。

それに対して、キリスト教会の信仰は「誓うべき信仰」である。キリスト教会が正当と解釈した教え（イエスの復活など）を知り、三位一体の神に、それを信ずることを誓う信仰である。この信仰を基盤として福音書が信じられ、旧約聖書が信じられたのである。この点ですでに、キリスト教会の宗教（信仰）と、イエスの宗教（信仰）は異なっているように思われる。

12――キリスト教会の宗教とプラトン哲学

キリスト教会の宗教は、イエスの弟子たちのあいだの話しあいや手紙のやりとりを通じて、共有されるようになった信仰である。イエスの弟子たちは、自分たちが見捨てたイエスがひとり十字架刑にかけられて死に、その後、自分たちの前によみがえった姿を見せ、昇天していくのを目撃した。そのイエスの姿に、弟子たちは「特別の感興」をいだき、イエスを「特別の人」として祭る思いにとらわれた。キリスト教会の宗教はその人々が、その思いを語りあううちに生まれた宗教であり、信仰である。

アウグスティヌスは彼の著作『自由意志』にこう書いている。

かの偉大な人々が書いた書物をとおして、神の存在を信じるのがもっともよいのだ。その人々はその書物の中で、神の子とともに生きたことを証言し、それを文字に残した。

また、神が存在しなければ決して起こりえないことを目撃したと書いてある。（泉治典訳）

イエスの弟子は、イエスとともに生きて、親しくその教えを聞き、その立派さに共感し、さらにイエスのよみがえりを実見した。その一方で、イエスの死後のごく初期から、弟子たちは「特別な人の姿を敬慕して共感する」思いにとらわれていた。このことでは、キリスト教は日本人が一般にいだく信仰とも共通する。

しかし他方でキリスト教は、イエスひとりを「特別の人」、すなわち唯一の「救世主」（＝キリスト）と見なす。それに対して日本では、釈尊も、五百羅漢も、空海も日蓮も親鸞も、宗教者でなく戦国武将であろうとも、敬慕に値する姿があれば、だれでも「特別の人の姿」として拝される。日本は信仰の対象をひとつにして共有する文化ではない。祭る相手が多数であっても、それをひとつにするための議論は起こらない（言うまでもないが、明治政府が行った神道の統一化、神仏分離政策は、議論のない国策にすぎない）。

他方、キリスト教は話しあいのなかで一定の教義を決める過程をもっていた。ときには議論が白熱する会議を通じて、キリスト教会は自分たちの教義を決め（たとえば、神の三位一体説）、それを共有する宗教となった。

このことによって、キリスト教は、過去にあった会議を尊重し、そこで決まった教義を知ったうえで信仰をもつ（信仰を選んで誓う）という、ヨーロッパ的な宗教（信仰）となったのである。

ところで、このキリスト教会の宗教がもつ特性、すなわち一定程度の認識をもったうえで、その対象を敬慕する、ないし崇敬する、という信仰の姿勢（傾向ないし性格）は、プラトン哲学と共通の姿勢である。なぜなら、プラトン哲学も上下の二世界、その上位の世界を知的世界、すなわちイデアの世界と見立てて愛慕の対象とし（そのように認識したうえで）、このイデアの愛慕、つまり知の愛求を「哲学」と呼んでいるからである。

だとすると、キリスト教会の宗教（信仰）とプラトン哲学の間には相通じるものがある。それゆえ、キリスト教会側で信仰を弁護する哲学者たちは、キリスト教会の信仰への攻撃に対して、一般的にプラトン哲学の用語で応じたのである。それがギリシア文化圏に生じた最初のキリスト教神学（護教論）である。

とはいえ、プラトン哲学にはキリストの十字架上の死やよみがえりを説明する用語があったわけではない。ただ、プラトンが追求した「ことば（ロゴス）における真理の永遠性」が「キリスト」を示すことができたのみである。なぜならキリスト教において、キリストは神のロゴスと見られているからである。

キリスト教の真理は神の知る真理である。そしてプラトン哲学で言うところのイデアの知は、神の知であるから、哲学においてその知を愛し求めることは、キリスト教において人が

郵便はがき

料金受取人払郵便

神田局
承認

2632

差出有効期限
平成29年11月
10日まで
（切手不要）

101-8791

535

千代田区外神田
二丁目十八—六

春秋社

愛読者カード係

＊お送りいただいた個人情報は、書籍の発送および小社のマーケティングに利用させていただきます。

(フリガナ) お名前	(男・女)	歳	ご職業
ご住所 〒			
E-mail		電話	

※新規注文書 ↓（本を新たに注文する場合のみご記入下さい。）

ご注文方法　□書店で受け取り　□直送(宅配便) ※本代+送料210円(一回につ

書店名	地区	書名	
取次	この欄は小社で記入します		

講読ありがとうございます。このカードは、小社の今後の出版企画および読者の皆
このご連絡に役立てたいと思いますので、ご記入の上お送り下さい。
希望の方には、月刊誌**「春秋」**（最新号）を差し上げます。　＜**要・不要**＞

〈タイトル〉※必ずご記入下さい

●お買い上げ書店名（　　　地区　　　書店　）

書に関するご感想、小社刊行物についてのご意見

※上記感想をホームページなどでご紹介させていただく場合があります。（諾・否）

読新聞	●本書を何でお知りになりましたか	●お買い求めになった動機
朝日 読売 日経 毎日 その他 （　　　）	1．書店で見て 2．新聞の広告で （1）朝日（2）読売（3）日経（4）その他 3．書評で（　　　紙・誌） 4．人にすすめられて 5．その他	1．著者のファン 2．テーマにひかれて 3．装丁が良い 4．帯の文章を読んで 5．その他 （　　　）

容	●定価	●装丁
満足　□普通　□不満足	□安い　□普通　□高い	□良い　□普通　□悪い

最近読んで面白かった本　（著者）　　（出版社）

名）

㈱春秋社　電話03・3255・9611　FAX03・3253・1384　振替　00180-6-24861
E-mail:aidokusha@shunjusha.co.jp

神を愛し求めることと、事実上、同じことと解することができる。さらに、通常の人間には起らないことであるが、人がその知識を完全に得ること、言い換えると、神の知識の所有が完成されることは、人が「神化」することの説明となる。そして人が神になることは、人が神と同一化することの可能性を説明する。それゆえ、プラトン哲学は、キリスト教がもっている「神人」論、すなわち神であると同時に人である「キリスト」の存在の説明に役立った。

13——キリスト教神学の二世界説の受けとり

キリスト教の母胎であるユダヤ教は、本来、心身をひとつに見がちなアジア的思想をもっている。それに対してプラトン哲学は、その二世界説、それに対応する精神と身体の二元論（ギリシア思想）を、しいて言えば「神学」の形でキリスト教文化世界に食いこませたのである。実際、プラトン学徒であったキケロは、言うまでもなくキリスト教の発生以前に生涯を終えているが、その作品『法律について』のなかでつぎのように言っている。

哲学はほかにもいろいろなことを教えてくれるが、とりわけ〈自らを知る〉という、一番むずかしいことを教えてくれたのだ。……事実、自らを知っている者は、第一に、自分が神的な何かをもっていることを感じるだろう。さらに自らの内にある己の才を、いわば神の聖像のごときものと考えるだろう。そして神々から与えられたかくも大きな賜

物にふさわしい振る舞いと考えをいつももとうと心がけるだろう。(23)

キケロはソクラテスを、哲学の父と見なしている。そのゆえに、みずからを知るというソクラテスの教説から話をはじめている。しかしキケロは、ソクラテスのように自らのうちに「無知」を見いだすのではなく、むしろプラトンにならって、みずからのうちに「神に似たもの」を見いだす。すなわち「理性」である。キケロは、正しく立派な理性は、神と人とのあいだで共通であるという考えを、ここで表明しているのである。

ところで、人間が神について考察するのが「神学」である。しかしその資格を人間がもつためには、人間が神と「理性」を共有している、という暗黙の前提がなければならない。なぜなら、神と同等の力がなくては、人が神を知ることはそもそもできないだろうからである。人が人を知ることができるのは、人間同士が基本的に共通の能力をもっているからである。言うまでもないことであるが、ありえないことは希求の対象にならない。神だから希求の対象になるのではなく、神が人間と能力的に共通でありながらより優れているから、神が希求の対象になるのである。

キケロは、神も人も共通に「理性」をもっているが、ただ神のほうがより優れた理性をもっていると考えている。それゆえ人間のなかにある「理性」を「神の聖像」と呼んでいる。

こうしてキケロから、あるいは少なくともキケロにおいても(三世紀のオリゲネスなどギリシア神学者とともに)、おそらくアウグスティヌスは神学をもつことの根拠を学び、神学を論じることに疑いをもたなかった。

アウグスティヌスは、このようにキケロからプラトン哲学を学んだ。彼は人間の精神が神に似た姿をもつことを疑っていない。実際、聖書に伝えられている神は、人間を自分と似たものとして創った。したがって神が創った「人間」とは、その身体ではなく「理性」であることを、アウグスティヌスは疑っていないのである。

したがってキリスト教神学では、人間精神(理性)は「神の似像」であると言われる。そしてそのなかの記憶と知性と意志の能力が、神の三位、父と子と聖霊に対応していると受けとられている[24]。こうしてアウグスティヌスにおいて、精神と身体の二分法は、キリスト教神学の基盤になった。

キケロ

ところがわたしたち日本人は、肉食に偏した生活をつづけた文化をもたないので、ヨーロッパ文化、ないし大陸の文化がもつ身体性と精神性の区別の意味を、理屈の上でだけ認識していて、その実を知らない可能性がある。

たしかに日本にも、仏教を通じて魂の輪廻転生説が伝わっており、魂を身体とは区別して考える思考がないわけではない。つまり日本人も「自分を考える思考」において、身体から区分された「魂」＝「心」の存在を考える。あるいは「霊」の存在を考える。しかしそれは、「魂を」身体から分離して考える思考に偏していて、反対方向の意識、すなわち「身体を」魂から分離して見る日常とは異なる。

ヨーロッパでは、古くから各家庭において家畜の解体作業が日常であった。その日常性を通じて、身体という「肉体」についてのより詳細なイメージをヨーロッパの文化はもっている。身体という肉体を、他の動物と似た姿として魂から分離して見る景色を、日常のなかにもつのである。

おそらくそのために、ヨーロッパの人種差別や人種偏見は、わたしたち日本人には理解しにくい側面をもつ。議論することに理性の証を見いだし、議論に明け暮れるヨーロッパ人にとって、精神のはたらきは、実際には何らかの話しあいの場（討議の場）においてしか経験できない。その機会が封じられていれば、実質、精神のはたらきは「ない」とみなされるほかない。

その話しあいの場において自分たちの精神と似たはたらきを見ないとき（一般に異人種は同じ言語をもたないのだからその機会はごくまれである）、目前に見る自分たちとは異なる身体性、たとえば異なる皮膚の色、異なる髪の色、異なる目の色、異なる体つき、等々からは、結局、ヨーロッパ文化においては自分たちと異なる動物との類似性しか見えない。そういうことになりがちなのである。

精神（理性）と身体を分離するこの思考は、プラトン哲学からキリスト教神学へと受け継がれたし、プラトン哲学がもっている「存在論」、すなわち、「真理＝実在＝知識」の理解も、キリスト教神学へ受け継がれた。そしてアウグスティヌスは、「存在＝知識」の原理を、神学に組み込んでいる。すなわち、何ものも「神に知られなければ存在しない」（『神の国』一一巻）と彼は述べている。そして、「わたし」が存在していることは、わたしが神に知られていることであると認知して、神の知の確実性が信じられるからこそ、「わたし」の存在も確実だと述べて、当時の懐疑主義（アカデミア派）にアウグスティヌスは対抗している。[25]

近代哲学の父デカルトも、「われ思う、ゆえに、われ在り」と述べて、「存在＝思惟」（パルメニデスの思想）を哲学の原理として強調している。言うまでもなく、パルメニデスの原理はプラトン哲学の原理である。それゆえ、アウグスティヌスの主張もデカルトの主張も、どれも共通にプラトン哲学の原理を確認している。

しかし二世界説も、上位の世界が精神界であることも、精神界における真実在だけが真理であり知識である、ということも、いわばパルメニデスによって歌われ、「論理」＝「ことば」のうえで定置されているだけであって、経験的に確かめられたものではない。わたしたちはふたつの世界を経験しているわけではないし、精神世界を「見る」経験をもつことはない。実際、精神世界は、わたしたちの実際の視力が届かない世界である。言い換えると、本来の意味での科学的な見地において「知っている」世界ではない。その意味ではプラトン哲学の原理は、信仰であり宗教である。

他方、パルメニデスの論理による知識は、すでに説明したように、（二足す三は五であるは永遠的真理である、等の）数学的なことがらには矛盾なしに適合する。しかし、それは感覚経験をもとにした知識とは異なる。すなわちそれは感覚による知識ではない。論理による知識は、感覚によっては確かめられない一面をもつ。

感覚的経験は限られた時間のなかでのものでしかない。感覚は永遠性を確かめることができない。その点では、永遠性の主張は、ことばの論理性が時間とは無関係なものであることによってはじめて主張される。しかし同時に、その主張はまさにその理由によって、永遠性を求める信仰心と結びついて、宗教化する可能性をもつのである。

じつは、ことばの論理がもつ真理性については、それを正確に理解する理性の立場がとれる人と、それを正確には理解できず、ただ信じるだけの信仰の立場をとる人がある。後者の信仰と理性的な哲学的判断とは、ことばのうえでは見わけにくい。なぜなら、哲学的判断は、論理性は不可謬である、という前提ないし原理（「原理」とは推論の「はじめに置かれる命題」の意味）にもとづいているからである。

ただしこの前提を信仰と見なすなら、数学も信仰になるが、この前提を信仰として所有するか、知識として所有するかは、それについて各個人に理解があるかないかによる。ある個人がその論理性をしっかりと理解しているなら、それは知識であって信仰ではない。たとえば、数学的原理を真実に理解している人にとっては、それはその人の理性に自明である。たとえば「平行線の公理」を教えられ、それを自明なことがらとして理解しているなら、それを前提とした幾何学定理の証明も、明確に理解できる。それゆえ、その人にとって数学は科学であり知識である。そしてその知識は永遠的で普遍的である。ただし、言うまでもなく、その論理性にもとづいて（そのかぎりで）永遠であり普遍であるのであって、その知識の対象の実在が永遠だからではない。

他方、数学の論理性を理解せずに数学の知識（たとえばある定理「三角形の内角の和」）を憶えているだけなら、その知性には数学の論理性（根拠）は自明ではないから、数学の知識は科学ではなく、数学者の言を信ずる宗教ないし信仰になる。そしてその知識は信仰に支えられた「実在」となる。なぜなら信じているだけであっても、「真である」と主張することは「実在」を主張することだから。

あるいは難解な科学理論は、理解できる人にとっては「科学」であるが、そうでない人にとっては、信頼できる人から聞いた「信仰」にとどまる。たとえば、アインシュタインの相対性理論や重力波の話など、現代人ならだれしも聞き知ることはできる。たとえ物知り顔で得々と話したとしても、十全に説明すること（理解すること）ができないとすれば、その人は科学の内容を科学として理解して話しているのではなく、その内容を真であると信じて話しているだけである。

言うまでもなく原理（幾何学では「公理」）は、本来、それ以上さかのぼって証明（説明）できるものではない。自明なものとして納得するかどうかでしかない。ただし数学や科学の原理は、その結論も含めて、何らかの意味で、つねに経験的自明性を確かめることができる。たとえば、幾何学の公理は経験的に自明なものである。この公理との関係を明瞭に理解して幾何学の定理を説明できる人は、幾何学を科学として理解している。しかしそれが不明瞭な人――たとえば、幾何学にどんな公理があるか数え上げることができない人――は、そもそも幾何学を知っている人だとは言えない。

他の科学も同様である。たとえば、実験器具を使った実験をして元素の性質を理解することから理解されなければ、やはり化学はわからない。経験的イメージにもとづいて現象が理解できないからである。

これに対して哲学の原理は、宗教と似て、経験的自明性に訴えることが困難であることがむしろ一般的である。たとえば、プラトン哲学がもつ二世界説は、明らかに経験的に確かめられる性格のものではない。わたしたちはイデア界（知的世界）を実際に見に行くことはできない。

たしかに知の世界が純粋に「ことば」の世界であり、その普遍性において成立している世界であると前提するなら、その世界には「ことば」（論理）を通じてたどりつくことができる。そのように言うことは間違いではないし、プラトンはそう考えていたに違いない。しかし、現代では一般に、科学は、地上世界の経験において確かめることが条件なので、「論理」のみでは、十分ではない。それゆえ、プラトン哲学がもっている「真理＝存在＝知識」の原理それ自体は、現代的には科学ではない。

たしかに、プラトンはみずからの主張を哲学でありつづけさせるために、原理を哲学の吟味にさらしつづけることをあえて宣言している。[26]原理を複数の人間同士のあいだでなされる吟味（討議）にさらしつづけること（普遍論争）によって、かろうじてそれは宗教ではなく哲学なのである。

しかしそれでも、経験的に確認のしようがないかぎり、この原理は人間にとって知識（科学）ではありえない。そして知識でなければ信仰（思惑）なのである。

くりかえすが、二世界説はプラトンの科学（哲学）を成立させる前提の原理である。それゆえ、一種の「信仰」である。キリスト教神学はプラトン哲学から経験的な真理ではなく、この二世界説の信仰をとり入れ、人間世界において偉大な哲学の権威をもつことができたと考えられる。

14——プラトン哲学の支配力

プラトン哲学と融合して生まれたキリスト教神学は、プラトン哲学がもっていた「支配力」をより鮮明にしている。

もともとプラトン哲学は神がもつような知識を追求する哲学として創始された。すでに述べたように、プラトンは哲学を、おのれを知るための技術ではなく、存在を知るための技術（テクネー）とした。そして存在の全体を知る技術は、存在の全体を支配する技術である。なぜなら、それは神の知だからである。神はその知によって世界（存在）を支配している。それが神の「摂理」である。それゆえ、キリスト教神学を通じてプラトン哲学は自然を支配し、人々を支配する「知」を得ることを目標として研究を進めるものであることを、より明確にしたのである。

第3章 キリスト教神学の形成

1――自由意志と堕罪

アウグスティヌスは、プラトン哲学によってキリスト教神学をつくった[1]。彼は当時の懐疑主義、アカデミア派を駁論する作業を終えたところでこう言っている。

思うに、わたしはこの討論で十分に身を守ったのであるから、アカデミア派の人々の論拠がわたしの仕事を妨害することは簡単にはできないだろう。わたしたちは知恵を学ぶのに二つの力、すなわち権威と理性の力によって動かされていることをだれも疑わない。だがどんな場合にも、わたしはキリストの権威からけしてはなれない。実際、これ以上力強い権威をわたしは見出さない。しかし精密な理性によって究められ明らかにされるべきことについては、プラトン派の人々の中に、わたしたちの秘儀と矛盾しないものを見出すであろうことを今は確信している。なぜなら、わたしは真なるものを、信ずることによってだけでなく、また理解することによっても、手にしたいと性急に望んでいたからである。(2)

しかし、アウグスティヌスは理解するうえではプラトン哲学に頼ったのであるが、それでも子細に見れば、やはりプラトン哲学にはなかったものを神学にとりこんだ。それは、一般に「意志」と呼ばれてキリスト教神学のなかで扱われる精神的欲求である。

プラトンにも知の愛求があり、その愛求心はエロスであった。しかし、プラトンにおいても、アリストテレスにおいても、欲求は、哲学が目指す「知の世界」にかかわる欲求としてのみ、実体的にはとりあげられている。つまりプラトンにおける「知の愛求」も、アリストテレスにおける「選択意志」も、いずれも欲求の一種と見ることができるが、その欲求はもっぱら知識ないし真理、あるいは思慮分別にかかわる欲求である。ところで、知識や真理、あるいは思慮は、疑いようもなく善美なものである。それらは悪や醜なるものではない。したがってプラトン哲学の欲求はもっぱら善美に向かう欲求であると言うことができる。

しかしアウグスティヌスが説明しなければならなかったのは、なぜ悪が存在するか、ということであった。(3)

キリスト教は人間の堕落を教えていた。キリスト教が真理なら、堕落を説明できなければならない。できなければ反対に、キリスト教の教えが真理でないことになる。しかも人間の堕落が人間に起因するものであって、神のせいではないなら、人間のなかにその原因を見いださなければならない。

アウグスティヌスが「意志」ということばを使うことによって説明しようとしたものは、したがってプラトンやアリストテレスが述べていた知の欲求ではない。アウグスティヌスが考察に必要とした「欲求」は、神という善美にも向かうが、同時に悪にも向かう欲求なのである。

神は至高の善であり、それがこの世界を創造した。

ならば、なぜこの世界に「悪」があるのか。

キリスト教がギリシア哲学の世界に接触すると、当然至極にこの問題が生じた。ギリシアの神々は、世界を無から創造していないうえに、詩人たちによれば、悪いこともしていた。人間と神々は、力の差は歴然としていたが、善悪の差は明確でなかった。つまり神はまったくの善ではない。

ところがキリスト教は、神を唯一の絶対的な創造主と教えたし、悪を罰する善き神であると教えた。それならば、善き神がつくったもののうちに、なぜ悪があるのか。悪い人間がその行為によって罰せられるなら、その責任は人間になければならない。ところが、人間を創ったのも神であり、人間の行為も被造世界のなかのことであるから、それも神の創造というべきではないのか。少なくともキリスト教の神はすべてをみそなわす神である。神の目から逃れることはいっさいできない。しかしすべてを創造する神が、なぜ人間の悪の実行をゆるすのか。

こうした問題のために、先の問いが生じたのである。善なる神が創造した世界になぜ悪があるのか。言うまでもなく、この問題はいまでも解決されておらず、「神義論」という特別の名をもらって議論されている。

アウグスティヌスは、キリスト教に回心したが、自分が経験した罪の問題に苦悩した。神の創造とは無関係に、人間に責任のある行為の何かが「罪」を生じ、それによって神が人間に「罰」を与えたことを、ぜひとも説明できなければならない。すべての善きものは神に由来し、一方、悪は、すべて被造物に由来する、そのように説明できなければ神を否定する哲学から神を守る神学にならない。そのように考えたのである。

すでに述べたように、プラトンにおいては、知識は真理であり善である。したがって知識にかかわる欲は、もっぱら善にかかわる欲求であった。罪を生ずる原因となるものではない。しかも罪は永遠の昔からあるものではなく、時間のなかで生じたものである。したがって永遠不変のイデアによって説明できるものではなく、アリストテレスが自然学にもとづいて形而上学に導入した「原因」によって説明しなければならないことであった。

プラトン哲学がもっていたイデアを求める欲求は、アウグスティヌスの要望に応えることはできない。アウグスティヌスには、知にのみかかわる欲求ではない欲求が、つまり感覚的なものにもかかわる欲求が必要であった。知にかかわる欲求に悪にかかわることが見いだされなくても、感覚的なものには、人を悪に誘うものが見いだされたからである。

また責任を担うためには、何らかの「自覚的な判断」がなくてはならない。そのためには時間のうちで個々に主体的に選択する欲求、複数の選択肢のうちからひとつを「選ぶ主体」となることができる欲求、つまり自由な欲求が必要である。なぜなら抵抗の余地なく起こる欲求は、自由に選ぶ主体としての人間の罪を説明できないからである。

たとえばアリストテレスの不動の動者がある。他の者の運動の目的となって、抵抗しがたく引き寄せられる他者を動かす。天体の運動もそのような運動として理解されていて、たとえば北極星の霊魂が他の天体をひきつけ、惹きつけられた天体たちがそのまわりをめぐると考えられた。地上においても太陽に向かって植物が伸びるのは必然的で、自由な選択が入る余地はない。それゆえこれらの運動では、人間にある「自由にもとづく罪」は説明できない。

若きアウグスティヌスと母モニカ

また選択が、食べものを選ぶようにたんに好みの問題にすぎないなら、それは善悪を生ずる選択ではない。すなわち好悪の選択は感覚的なものであって理性をもつ個人の責任問題とはならない。それに対して善悪を生ずる選択意志は、善悪を選ぶことができる能力を用いる欲求であると考えなければならない。そうなると、それは理性的欲求であるほかない。

アウグスティヌスは、これらの条件を備えた「自由な」欲求を神学のなかに持ちこんだ。この欲求こそが、被造物が陥った罪を生ずる特殊な原因であったと説明した。この欲求は「自由意志」と呼ばれ、(4) 人間だけでなく天使ももつと考えられた。天使もかつてその一部が堕落して悪魔になったと、キリスト教会は教えているからである。

アウグスティヌスは、この欲求を人間の独自性を示す欲求として記述した。そのために、中世を通じたキリスト教神学の発展によって、人間の本質は理性認識であるよりもむしろ「理性的欲求」であると見る人間理解が一般化したのである。すでに述べたように、理性的欲求こそは自由な欲求である。こうして彼は、近代ヨーロッパにまで受け継がれていく「自由なもの」としての人間の本質理解をつくりだしたのである。

これはきわめて重要なアウグスティヌスの功績である。キリスト教的には、この自由は、罪を犯しもするが、罪をつぐなうものであり、神を信じ神を愛するものである。しかし一方で、この欲求は悪にも善にも向かう欲求であるとともに、理性の認識や理性の考察にも左右される欲求である。この欲求のうちにこそ、身体をもち理性をもった、全人的存在を担うはたらきが見いだされてきたのである。

ギリシア哲学において人間の本質は、あくまでも理性という「認識能力」に限定されて見られていた。アリストテレスが人間の本質を理性的動物であると述べているように、道徳の研究があったにもかかわらず、人間の本質のうちにある主体的実践的側面は、哲学において十分に重視されていなかった。アリストテレスに代表されるギリシア哲学が重視していたのは、理論（テオーリア）と呼ばれる観察（観想）だった。それがアウグスティヌスにおいて、「欲求」という「主体」を形成する能力の領域に人間の本質理解が移されたのである。

このことの重要性は、現代哲学のうちにも見いだすことができる。なぜなら、この自由意志という欲求は、理性をまじえるものであるゆえに、希望をつくり、未来に自己を投企する。それゆえに、現代の「実存主義」の概念も、アウグスティヌスの人間理解のなかに始源的に含まれていたということができる。

2――罪の原因としての自由意志

キリスト教に回心したアウグスティヌスにとって、最大の問題は「罪」の問題であった。すでに触れたように、「罪」に目を向けるのはイエスの宗教も同じである。それゆえ、イエスの宗教に由来したキリスト教にとってそれが最大の問題であると見たアウグスティヌスの直観は、たしかにすぐれたものだった。

ただ彼は哲学者であって、イエスのような宗教的直観をもたなかった。イエスは「罪」のうちに人間の本質を「見た」のであるが、アウグスティヌスはむしろ、人間が罪をもつことの「説明」を求めた。つまりアウグスティヌスは、「罪」をおのれのうちの本質として見いだすのではなく、それが生じた「原因」を探りだし、罪が生じたことを「原因から説明する」ことを求めたのである。

イエスのようにおのれの本質のうちに罪を見いだす人は、おのれの本質を真実に認識することにおいて罪を超えることができるが、罪を原因から説明することは、罪を理論的に描くだけになる。理論を描くことは事実を変えることにはつながらない。それはちょうど、目前の光景を絵にしたあとで、その絵を消しても、あるいは一部を描き変えても、目前の光景自体を、消すことも変えることもできないのと同じである。それゆえ、罪の原因を説明しても罪を払拭できる道は見つからない。

とはいえ、学問は本来、説明なので、原因からの説明は、学問としては、つまり神学としては、十分なものであった。そしてアウグスティヌスも知的教養をもった人間であり、知的教養に飢えた人であった。したがって、彼は何よりも学的な説明を求めたのである。

すでに述べたように、「原因からの説明」、全体を枚挙する学問の技術は、プラトンが提案し、アリストテレスが完成したことである。それはさまざまな哲学者によって伝えられた(5)。この哲学の方法論(技術)を学び、用いて、罪が生じたことを説明することによって、アウグスティヌスは確実にキリスト教神学の基盤を築いた。
哲学の説明に、悪にも向かう「意志」を加えた新しさを再確認しておこう。
もともとプラトン哲学は、知的世界にあるものと、感覚的世界にあるもののふたつによって、世界（存在）を説明し、アリストテレスはこの上下ふたつの世界に、そのときどきに応じて四原因を割り振って、下界にある変化を説明していた。魂がもつ欲求も、このふたつの世界のものごとにかかわって変化しつつ存在すると、アリストテレスの理論にしたがって理解されていた。

しかしアウグスティヌスが説明しようとしたのは、「堕罪」という事態であった。堕罪とは悪に向かう（善に背を向ける）ことであるから、それを説明できる欲求が彼には必要だった。しかしそのためには、それまでにあった欲求の概念（意味）に新たな概念を加える必要があった。なぜならアリストテレスが定式化したように、欲求は、当の欲求から見た「善」を欲求するものだからである。(6)

アウグスティヌスが必要とした欲求は、悪にも向かう欲求である。「悪」に向かう欲求は、あえて言えば、不利益を求める欲求である。しかしそれは、「欲求」ということばの本来の意味、すなわち善いものや利益になるものを求める、という意味と矛盾するのである。

じつはアウグスティヌスの時代、大きな影響を与えていた新プラトン主義（アンモニオスとプロティノスの哲学）は、下（悪）へと向かう存在の流れを、自然がもつ必然の流れとして説明していた。他方、上（善）へと向かう欲求は、自然の流れに逆らって起こすべき精神のはたらきであると考えられた。アウグスティヌスは、その全体を「意志」が引き起こすものであると見た。

アウグスティヌスによれば、利益も不利益も、善も悪も、どちらも求める欲求が、罪が起きた説明のために前提されなければならない。そして、それを説得的に語るのが、「自由な」ということばであった。

この場合の「自由」は、「未規定」であると同時に、「それみずからがみずからをいずれかに規定できる」という意味である。他者の規定を受けるだけなら、「質料的」（物体的ないし形体的）であるにすぎない。自由なものは（自分で）みずからを規定する。すなわち、「形相」をみずからに与えるものである。

みずからに形相を与えるものは自由なものであるだろう。しかし、「形相」は本来、善美なものなので、みずからを悪に規定することを「形相」で説明するのは、やはり無理がある。そもそも古代ギリシアにおいては、自由は至高の善であったから、悪にも向かうことができる意志を、「自由な」と呼ぶことには、やはり矛盾があった。したがってアウグスティヌス自身も、悪に向かってしまった意志を、本当の自由（真の自由）をもつ意志ではなく、転倒して、つまり方向を真逆にとってしまった自由意志であると言った。(7)

つまり、上方には善美なものがあり、悪・醜なものは下方にある。上と下を転倒させてしまう意志、転倒していながらそれに気づかない意志が、善いことだと思って悪に手を染める意志である。そう彼は説明したのである。

それにしてもこの意志の転倒は、意志がもつ自由によって起ることなのだろうか。もしもともと意志がもっている自由が「至高の自由」であるなら、意志は善でなくてはならないから、それが原因で悪に転倒することはありえないはずである。したがって転倒を起こす意志がもっている自由は、本来の自由ではなく、なにか中間的なものだと言わなければならない。事実、アウグスティヌスもそれを中間的な自由と考えている(8)。

3——哲学の合理性

プラトン哲学の原理(源泉)は、ピュタゴラス派のパルメニデスにある。したがって真理の典型は数学であった。算術や幾何学に見られる永遠的で普遍的な真理こそが、本当の真理であって、それ以外の真理は似非真理であるという立場である。

この立場では、一定の規則の基準のみで真偽が決定される。しかもその規則は理性自身のうちに「論理性」として見いだされ、それによる決定である。それゆえ、真偽決定は理性のうちのみで可能である。具体的な事物の観察による真偽決定は不要である。これがプラトン哲学本来の、真偽決定の「合理性」である。

これに対して、事物の観察は、さまざまな条件が観察者にも観察される事物にも加わるために、さまざまな限界をもつ人間理性は、十分に合理的な真偽決定をすることは不可能である。したがって近代科学ですら、具体的事物に生ずる可能性のうちで、人間理性が枚挙できる可能性の範囲を限定して、その範囲に限って「合理的」真理が決定できるだけである。つまりこの宇宙について、合理的に情報が得られる範囲でしか、現代科学も真理を語ることはできない。

それでも枚挙の方法を工夫し、「帰納法」を合理化することによって、具体的事物についての経験を積みあげる技術となったのが近代科学である。それがなかった時代には、合理性は手の届かない天空の事象のみに限られていた。手の届かない天空の事象に限れば、理性自身の規則（円や球の完全性）を当てはめて真理を主張することができたからである。

プラトンは、この絶対真理（完全合理性）の世界に、善美なものであるイデアのすべての根拠をあえて置いた。それによって真理存在のすべてを「哲学」の技術（ディアレクティケー）によって探究する、というみずからの学派を形成した。これがプラトン哲学、つまり知を愛し求める哲学である。すでに説明したように、アリストテレスは、「四原因論」によって自然学的修正をそれに加えたが、知を愛し求める哲学、技術化を推進する哲学としては、プラトン学派を受け継いでいる。

この哲学の立場では、マイナス面は、すべて下位の世界から生ずる混沌にすぎない。認識における「思惑」は、真偽未詳ないし真偽決定不能な意見の羅列であった。欲求における

「醜悪」は、欲求の結果における「苦痛、不快」等々であった。いずれも哲学が目的とする絶対真理の世界からはずれたものであり、説明すべきもの（愛し求めるべき知識）ではない「思惑世界」の醜い出来事にすぎなかった。

4——ストア哲学と新プラトン主義

しかしアリストテレス以降、哲学の第三極（自然的世界のうちで思慮を求める）が、ソクラテスの宗教性（問答にあけくれる修行性）を哲学の父として、ヨーロッパ地中海世界で力をもつようになった。ストア哲学と新プラトン主義の哲学である。このアリストテレス以降の第三極の哲学は、すでに触れたエピクロスを除くと、アジア的宗教の発想を含んでいた。ここでアジア的宗教の発想とは、生命的ないし霊魂的発想である。

すでに述べたように、プラトンに代表されるギリシア哲学は、ピュタゴラスの流れを汲んで、真理の世界を幾何学的ないし機械的なものと見ていた。自然に関して純粋に機械的になったのはデモクリトス（原子論）であるが、プラトンは道徳問題をないがしろにしなかったので、自然学についてデモクリトスほどには機械的になれなかったが、ことばの論理性をその方向で純化した。すなわちことばの論理性にもとづいて、幾何学的・機械的なイデア世界と感覚的世界の二世界説（二元論）を展開した。

人間の霊魂は、このふたつの世界とは別の存在であり、ふたつの世界を行き来できるものであった。つまり魂はいずれかの世界に限定されるものではなく、感覚的・思惑的世界に呑みこまれているままの魂もあれば、それを脱してイデアを見る魂もあった。

このプラトンの世界観、霊魂観に対して、新たな時代の哲学は、世界をひとつに見て、魂もその世界に属し、世界を生きた神の運動ととらえ、その神と同一化することを求める宗教性を含んでいた。そのうちのひとつがストア哲学である。

ストア哲学は、エピクロス（紀元前三四一～二七〇）と同時代にアテナイにやって来たゼノン（紀元前三三六～二六四）によって起こされた哲学である。彼はフェニキアの都市から来た人なので、ギリシア語も話すフェニキア人だったのだろう。世界観は二元論ではなく、一元論（物体的・形体的な存在のみを考える）である。彼は世界の存在を、プラトンのように静的に見ているのではなく、きわめて力動的なものと見ていた。世界は数千年の周期で、「火の鳥」という不死鳥としてよみがえり、冷えて、空気となり、元素となり、同様の歴史を繰り返し、死滅し、再び「火」によって再生するのである。

この世界観は神話的であり、おそらくアジア由来の思想にすぎないと思われるが、しかしクリュシッポス（紀元前二〇八年頃没）が独自の論理学をつくり、学的に（技術的に）思想伝統を高めたこともあって、ストア哲学の伝統はその後長くつづいた。ストア哲学がとくに学派を超えてその後の哲学の歴史に大きな影響を与えたのは、エピクロスにならってか、学問をまず自然学と論理学にわけ、これにストア哲学派が独自に研究を進めた論理学を足して、

「論理学、自然学、倫理学」という三つの学問分類を立てたことである。

かならずしも善美のみを対象としない「欲求」概念を説明し始めたのは、中期ストア哲学であった。これがアウグスティヌスの「自由意志」の概念につながった(9)。アウグスティヌスはそれを「中間的」と呼ぶ。中間的であって、純粋でも完全でもないのは、ときには悪に自分から転倒する意志(欲求)だからである。

ストア哲学は、プラトンやアリストテレスの哲学からいろいろな技術や概念をとりこんだが、その一方で、時間的に変化し、長い時間のうちに回帰する(アジア的宗教世界の原理をもつ)世界を唯一の世界と見て、そこから離れなかった。そのためストア哲学は、善美なもののみに向かう欲求ではなく、悪にも向かう思惑的欲求を受け入れたのである。

他方、新プラトン主義は、ストア哲学が勢力を失うころ(紀元後三世紀)に、プラトン哲学の再生として生じた。それはプラトン哲学がもっていた二世界説の限定性をゆるめて、上位の世界のことがらと、下位の世界のことがらのあいだの障壁をとり除く(パルメニデスの詩では、厳格なおもむきをもつ門扉のみがふたつの世界をつないでいた)。そして泉の水が湧きだして、下に向かって流れでて、多くのものを潤していき、しかしやがて最後には水も尽きてしまい、乾いた砂しか残らない、そういう光景を世界の姿として見る。すなわち生命の象徴となる神の霊や、善美なるものの性格、真理の普遍性や絶対性が、最上位からあふれ、流れでて、完全なものから不完全なものへと、つまり善と一が充溢したものから欠けたものへと変化していき、最後には完全な欠落状態に至る。この欠落状態に在るものが、たんなる物体である。そういう世界を想定した。

ただし最上位の「一」は、他のいっさいを超越して不動で静謐な存在である。そこから不思議なはたらきによって、まず知性（ヌース）が生じるという。そしてこの段階からさまざまな「はたらき」が起きて、下位のものに向かって「多」が生じる。

この世界観においては、「悪・醜」は、「善・美」と同じ世界にあって、善美との「混淆」を変えていく。そしてそれは善美の「欠落」として説明される。つまり一なる純粋な善美からはじまって、しだいに多くの悪・醜（欠落）を加えて善美を薄め、ついには無に至るのである。

さらにこれに、存在の三階説「存在、生命、知性」が加わる。[10] つまりすべてのものは、まず最低限「存在」をもつ。そしてその一部が「生命」をもつ。さらにその一部が「知性」をもつ。人間はこの三つをすべて有する。いわゆる人間の定義「理性的動物」は、まさに生命とともに知性をもつもの、という意味である。人間はこのように知性を有することにおいて、他の生命、なかんずく動物にまさると考えられた。

つまりまず「存在」でしかない物体があり、そのうえに、物体に混じる「生命」がある。そこには、植物のもつ栄養摂取的生命と、動物に見られる感覚的生命が含まれる。さらにそのうえには、身体をもつことで、物体性と栄養摂取的生命と感覚的生命をもちながら、その身体のうちに「知性」をもつ人間がある。さらにそのうえには物体性、身体性をもたず、生命と知性をもつだけの霊的存在が考えられた。

この「存在、生命、知性」の三階説が新プラトン主義に加わると、「知性」は下位の生命と存在を含む豊かな存在であるが、動物に下ると、知性が欠落し、物体に下れば、さらに生命を欠落する。善美の欠落はこれと同調するわけではないが、それでもほぼ同様のことがらとして理解された。つまり知性の欠落は、知性に固有の善美の欠落であった。

アウグスティヌスが「自由意志」と呼ぶ「欲求」は、自由な主体的なはたらきとしては中間的な「生命」のはたらきとして考えられた。なぜなら生命は、「存在、生命、知性」の秩序のなかで中間的であり、一番上の「知性」がかならずしもからんでいない。そのことによって生命に根拠を置く意志は、知性にはある十分な善美をもたず、中間的な善の位置をもつ自由な欲求であると見ることができた。それゆえ自由意志は、上位のもの（知性）がもつ欲求から、下位のもの（動物）がもつ欲求へと、次第に欠落度を大きくしながら、存在の全体にわたって、理解されることになった。

知性をもたない動物は、知性の善美をもちえないのであるから、せいぜい感覚的善美のみで生きているのであり、それはすなわち感覚的欲求のみで生きていることを意味した。もしも人間のなかに動物と同様に知性の善美をもたない人間がいたなら、その人間は感覚的な快楽のみを規準として生きる人間であるから、悪の誘惑に抗しきれずに罪を犯す人間だと考えられたのである。

このように、アウグスティヌスは人間のなかに生命の全体に普遍的な欲求、すなわち意志という原因のはたらきを認めた。アリストテレスは、知性と感覚、そして四原因と、都合六つの相互に行き来のない限定された要素だけで人間ないし世界を説明していたが、アウグスティヌスは人間の本質にあるとされる堕罪の説明の必要から、魂のうちに悪にも転倒しうる「欲求」ないし「意志」を、もうひとつの重要な原因として数えたのである。

5――生きている神と知識のイデア

プラトン哲学を基盤とした神学の形成に関して、さらにもうひとつ、神の存在が加わる。[11]神は唯一の存在として上位の世界にあり、神が第一原因となって他のすべてがある。しかも遠くに想定されているだけでなく、聖書に記されているとおりに、時間的に歴史に介入してくる存在でもあった。

まず神が唯一であって第一原因でなければならない。

このことは、アリストテレスが枚挙した四原因のすべてか、あるいは四原因のさらなる上位の原因を、一個の神のうちに置く必要を生じた。さらにプラトンが想定したもろもろのイデアの根拠も、同じ一個の神のうちに置かなければならない。

このようにばらばらに独立して想定されていた諸原因が一個の存在のなかに「ある」と考

えられたのは、人間の心のなかにさまざまな考えが併存するように、神（その知性）のなかにもさまざまな原因が併存すると考えられたからであり、なかんずく、神自体が「人間のごとく」考えられたからである。

しかも、神が無から世界を創造したということであるなら、神の内には「欲求」までも想定する必要があった。しかもそれは、神が「生きている」と考えられていたこと、つまり生命であることを意味した。生きていないものが「欲求」をもつことはないからである。

こうしてキリスト教神学における上位の世界は、プラトンが考えていたものとはまったく異なるものになった。

プラトンにおいては、イデア世界は数学と同様に、知性が愛し求める知識が存在するところであると想定されていた。善美ではあるが、幾何学のような無機質な世界である。その上位の世界の全体が、キリスト教の信仰によって、ほとんど生きている一個の神に内包された。いくつもの独立した真理が上位の世界のうちに静的に存在していた状況から、神という一個の存在が、その世界すべてをつつむ「生きもの」として現れた。その神は下位の人間が生きている地上の世界に、必然のみでなく、無数の偶然までも引き起こす。つまり、ときには恩寵としての幸運を慈雨のごとく降らし、ときには罰としての不運を「いかづち」のようにふり落とす。

しかし「生きている」ということは、時間のなかで変化するものとしてしか考えることができない。生きているものは、すなわち死ぬものでもあるからである。逆も真であって、死ぬものが生きるものである。人が死ぬのは生きているからである。

それゆえ、神について言われる「不死の生命」は、それ自体が矛盾を内包している。経験にもとづく哲学の立場からすれば、具体的現実性がない。「不死なる生命」は、具体的な個々の生命に「つねに活力を吹きこむもの」という、抽象的な観念として描かれるだけのものでしかない。プラトンが描くさまざまなイデアのように、具体的な生命のない「絵に描いた餅」である。

すなわちキリスト教会が考えた神は生きている神であり、それも永遠の生命をもつ神、不死の生において生きる神であったが、この地上の生命現象を見て「生死」を理解している人間にとって、永遠の生命をもつ神という概念は、本来、理解しがたいものである。

プラトンは、たとえば人間とかベッドとか、具体的なものについてイデアを考えたとき、不明瞭な説明が抑えられなくなった。

たとえば、あらゆるものにイデアがあるなら、ゴミのイデアもあるのだろうか(12)? また、人間が存在し、それとは別に人間のイデアが存在するなら、人間と人間のイデアのあいだの類似性にも、その類似性のイデアというものが存在するのか(13)? もしそうなら、イデアとイデアを分有するもののあいだに第三のイデアがあることになるし、その第三のイデアともとのイデアのあいだの類似性にも、また別の類似性のイデアを考えることができ、さらにそのイデアと元のイデアの類似性のあいだにもまた別の類似性のイデアを考えることができ、……そしてこのプロセスには終わりがないから、イデアの数は無限に増殖する。

ここに見られる不合理は、合理性が成り立つイデアを、合理性が成り立たない具体的な事物（多数の個物）と関係させることから生じている。それと同じように、上位の世界を一個の生きている神が占有して、地上の世界にさまざまに介入してくると考えたとき、プラトン哲学の合理性の原理が、その躓きとなった。

本来、数学的世界のように合理性のみで成り立つ世界は、それだけを語っているかぎり矛盾は起こらない。しかしその世界を、具体的に生きているものがもつ内実と考えるとき、合理性のみで成り立つ世界（必然的世界）と、その世界に対して主体性（偶然的で自由な決定を行う力）をもつものが、同一だと理解しなければならない。そこに不都合が生じる。

たとえば、具体的な一個の生活者である数学者を、それがもつ数学的真理世界の存在と同一に理解すること（簡略化すれば、人間＝数学）は不可能であり、不合理である。つまり個人を数学で構成することはできない。もしそれが可能であれば、個人は数学的真理と同様に永遠的だということになるだろう。

数学的真理は永遠的であるが、数学を研究する個人は死ぬ。この一事をもってしても両者を同一に理解することは不合理だとわかる。それと同じように、イデアの世界と神を同一に理解することは、明らかに不合理なことであった。

しかし敵対者の挑戦的問いに対して沈黙していることもできず、神学者は論理の足枷を無視して理想を描くことになった。プラトンが具体的なもののイデアを折に触れて美しく語ったように、アウグスティヌスも生きている神の存在と神の知識を同一存在としてたたえて、美しく語るほかなかったのである。

問題点をくりかえすが、数学者のなかの一部分（知性のなかの数学を考察しているだけの部分）は、たしかに数学的でしかない。数学的真理は完全に合理性のうちにあって、永遠的で普遍的である。しかし、一個の人間はそれと同じではない。科学が対象にできる存在は、普遍性としてとりあげることができる存在のみである。具体的な一個の人間は、出会うか出会わないか、という「偶然的存在」しかもたない。

それと同じように、神も、そのうちにあるとされる普遍的なものについては、時間と空間を超え、永遠的で普遍的な真理として証明することができるかもしれない。しかしその真理を一個の生ける神が内包していると証明することはできそうにない。目に見えないものについての証明は、論理（ことば）による証明以外には証明の方法が人間にはないからである。

しかしアウグスティヌスの神学を承けて、中世において神学者は、その不合理性は無視し、神は純一でそのなかに複合性はないという根拠によって、神の部分＝神全体であるとあえて論じたのである。論理の破綻は明らかであるが、「神」は「超越的」であるから、あるいは「無限」であるからという理由で、神学はこの論理の破綻を正当化している。

じつは無限も超越も、それが人間理性を超えていることを単純に意味するにすぎない。だから「生きている神」は、人間がもつ科学としてはやはり合理性がない(「超合理」でしかない)ことは明らかなのである。

他方、たとえ神自体は永遠であるとしても、「生きている神」は「具体的な一個の人間」と同様に、人間にとっては、出会うか出会わないかの存在である。この点でも神自身を、神学という人間の科学の対象にすることは矛盾をはらむほかない。

6——神の善さの絶対性と神の存在の無限性

のちに神学者としてアウグスティヌスの後を追う決断をしたカンタベリーのアンセルムス(十一世紀末〜十二世紀初め)は、神を最高・最大で最善の存在として追求した。その最善の者が存在することを証明する際につぎのように言っている。

すべての善はそれらを相互に比較するときたしかに善として同等か、不等か、またときとしてそれぞれにとって異なるものを通して善と言われるように思えたとしても、それぞれ異なる善に共通のあるものを通してすべてが善であることは必然である(14)。

アンセルムスは、「異なるものを通して」とひとまず言っておきながら、それでも最終的には、その異なる善に「共通な善」があることは必然だと考えている。つまり異なる善を認めて、「それがよいと見られるのは何にとってか」という相対的観点をいったんはもっても、「善」ということばが普遍的に述べられることにおいて、共通な善の存在を必然と見ている。これはイデアの存在（善美なもの）を必然と見なすプラトンの立場を継承していると言える。

しかし、わたしたちは実際には、相対的にのみ善であるとか美であると言えるものしか、本当は知らない。何らかのものにとっての善美なものしか、わたしたちは周囲に見いだすことはない。たとえば、わたしにとってのこの本とかこの景色とかは、善美であると知る。このゴミにとって、このゴミ箱は役に立つ意味で善美である。

しかし何であれ、絶対的なものとして、何かを善美であるとか、何かを他よりも「絶対的により善美である」とか述べることはできない。比較級をもちだして相対的であるかのように言っても、そのすべての善を計る基準となるものがあるとすれば、それは絶対的な善美でなければならない。それはすべての善の基準となる善である。しかし、そういうものを考えることは人間にはできない。それができるのは、おそらく神（絶対的な善）だけである。わたしたちが経験し判断できるのは、周囲に見られる（相対的な）善美なもの、それぞれにとって悪であり醜であるものに限られる。したがってアンセルムスの論がめざしている「他のいかなるものよりよいものがある」という主張は、じつは人間に「できない」ことを「できる」と述べるに等しい。それは人間にとって本質的に無知なことに知を主張することであるから、ソクラテスの哲学の基準（「無知の自覚」が知性の真理である）からすれば、偽なのである。

以上のような問題を内包するために、わたしたちにとってキリスト教神学が理解しがたいのは事実である。とはいえ、いくらかでも整理して理解できるものにする必要がある。なぜならキリスト教神学の歴史は案外に長く、しかもその歴史の厚みゆえに大きな影響をヨーロッパの哲学世界に与えているからである。

そのためのくふうとして、存在の全体において「本質的に異なる三つの存在」という視点を導入したい。すなわち、

(1) 神の存在は、端的に「無限な存在」である。それは永遠的存在であり、それがもつもろもろの完全性も無限であって、無限な真理であり、無限な一であり、無限な善であり、無限な正義である。

(2) 被造的本性の存在は、被造物の限界はあるが、無時間的存在であり、知識となる存在であり、普遍的で、必然的である。

(3) 被造的物体の存在は、時間的存在であり、感覚的存在であり、偶然的で、個別的存在である。

以上三つの「存在」は、同じ「存在」という名で呼ばれるが、その本質ないし実体は、以上のようにまったく本質的に異なる。

わたしたちにもっとも身近な第三の存在は、目に見える存在であり、人によって好悪が異なる存在である。それゆえ、この存在については、真偽未詳のままであり、さまざまな個人の思惑が跋扈する。そして、この存在地平では、「これこれである」にしても「これこれでない」にしても、命題は、それが経験される事実と一致していれば真理であり、一致していなければ偽である。

他方、プラトンが探究した第二の存在（本性の存在）は、目に見えない存在である。それは科学が探究する知識であり、真理である。抽象的存在とも言う。この存在地平では、パルメニデスが言うとおり、命題が成り立つとき（すなわち「〜である」が真であるとき）は、そこで述べられている存在は、いつでも真である。したがって、存在はすなわち真理であり、非存在はすなわち偽である。たとえば、二足す三は五で「ある」、は常に真である。他方、二足す三は五で「ない」は、常に偽である。あるいは、一般的に、人間は二足の動物で「ある」は、常に真であり、二足の動物で「ない」は、常に偽である。科学が真と認めた命題は一般的にこのように言うことができる。

ここまでは、アウグスティヌスがプラトンから受け継いだ二世界説である。しかし神学は、さらにその上の第一の存在を考える。(15) 神の存在である。この存在は、信仰なしには到達できない。しかも信仰とは神の恩寵である。つまり神の助けがあった人が信仰をもつ人になる。それゆえ信仰を持つ人は、神から神の存在を何らかの仕方でその心に注ぎこまれている。この神の力を受けて、人ははじめて「神が存在する」と信じることができる。しかもその存在は、端的に永遠的であり、人間精神の理解の限界を超えて、真理であり、一であり、善であり、正義である。

アウグスティヌスやキリスト教神学者たちは、このような三つの存在区分を明示していない。ただ神学のありようについて『アカデミア派駁論』でつぎのように述べている。

学ぶために、わたしたちは必然的に二つの道によって導かれる。つまり理性と権威の道である。……偉大な隠されたもろもろの善を学ぼうと欲しているすべての人に、門を開くのは権威しかない。この門を入ったひとはだれでも……理性自身は何であるか、また知性とは何であるか、また一切を超えた一切のものの原理は何であるか、を知る。[16]

つまり神学のためには理性のみでは無理なのである。なおかつ、信ずる神の真理の泉から流れでてくる光によって導かれなければならない。このことを、『至福の生』という作品のなかでアウグスティヌスは述べている。

わたしたちを励ますある種の告知が真理の泉そのものからわたしたちに流れ出てくる。この輝きをわたしたちのより内なる光にそそぐものは、かの隠れた太陽なのである。たとえわたしたちが、今のところ目の力があまり健全でないか、あるいは突然目を開けて大胆にそのほうへぐるりと向いて、全体を直観することをためらっているかであっても、わたしたちの語る一切の真なるものは、その太陽に属するのである。そしてそれはいかなる欠陥によっても阻まれることのない完全な神にほかならないことが知られる。……それゆえ、すでに神は助けたもうているのに、それでもわたしたちはいまだ知者でもなく、至福でもないのである[17]。

ここに言われている「わたしたちを励ますある種の告知」とは、「聖霊」を信者に送ると約束した神の告知のことであろう。キリスト教では、聖霊を受けとることは信仰をもつことである。それゆえアウグスティヌスは、信仰をもつことが神の存在を知るために必要と判断している。いわば理性が学ぶ本性の存在世界とは別に、権威にもとづく神の存在があることを、アウグスティヌスの言は示唆しているのである。

このように、本質的に異なる三つの存在区分は明示されたものではなく、アウグスティヌスのことばから推測できるものにすぎないが、この存在区分を措定することで、キリスト教神学の大まかな見とり図を描くことができる。そして神の存在を「無限」という「人間の理解力の限界を超えている」存在であると前提する（信じることで受け入れられる）ならば、たとえ人間理解においては矛盾があるように見える主張が神学にあっても、人間理解を超えた地平、すなわち「神の存在」では矛盾ではないと主張することができる[18]。つまり善と一と正義はそれぞれ別の完全性であるが、無限である神においては一致する（神という一個の生きるもののうちでひとつになる）、あるいは、そのように信じられるのである。

それゆえ無限存在の地平は、たしかに信仰の地平である。こういうものであるかぎり、キリスト教神学は人間の学でありつつ、人間の理解を超えた神の学であろうとする企てをもつ学なのである。

7——自由意志と予知の問題

また人間がもっと見られ、それによってはじめて罪を犯す原因を説明できる「自由意志」は、神の「予知」（「摂理」と同じ）[19]と矛盾なく説明することが、やはり無理なものであった。なぜなら神は完全であり善であるから、神の予知もまた完全である。そうだとすれば、神が予知しないことはこの世に起こらない。そして神は善きことしか起こさない。

そうであれば、人間が自由意志を用いて悪を行うことはできるのか。できたとしても、それはすでに神に知られている。だとすれば、生まれたときから人間は、悪事をなすかどうかが決められている。そうであるなら、自由に悪が為されるというのは、表向きのことでしかないのではないか。

アウグスティヌスは、神が予知していても、人間が神に与えられた自由意志を用いて、自分から欲しているのであるから、人間の自由と神の予知は矛盾しない、と著作『自由意志』において説く。つまり神の予知は、神があらかじめ知っているということにすぎない。それはたんなる認識であって、創造行為（事象の原因）ではないから、人間の自由意志を強制したりしない、というのである。

しかし、わたしの考えでは、神の予知は神の自由意志である創造行為についての認識である。将来起こることも神が創造するから起こるのであって、神の創造抜きには何ごとも起こらない。予知は認識の一種であっても、神の認識は神の自由意志の予知である。そして神の自由意志はすべての創造行為の原因である。それゆえ、悪を実施する人間の意志についての神の予知は、実質、神の創造行為によって起こる事態の予知である。したがって、創造神の自由意志がその人間にその行為をさせている、ということは否定できない。

だからじつは、アウグスティヌスの主張は合理性がないのである。やはり人間の自由意志は神の予知において決定しているのであって自由は成り立たない。善なる神が悪を行う![20]

アウグスティヌスの説明にもかかわらず、矛盾は明らかである。言うまでもなく、この矛盾を超えるのも、神の正義を信じる信仰しかない。

8——神の「存在」

中世のスコラ哲学者たちは、神の存在をさまざまに証明した。神は神学が想定する秩序の第一位の存在であり、いわば神学の原理に当たるのであるから、その存在が神学を支えていると言ってもいい。つまり神が存在しないとなると、神学が説明する天使の存在も、人間の存在も、視点となる原理を失って確実性をもたなくなる。神が存在しなければ信仰は意味を失う。信仰が意味を失えば、信仰に支えられる道徳も意味を失う。それゆえ、神の存在は神学者がもっとも重大な関心を寄せることがらである。

しかし、それははたして証明できることがらなのであるか。

それを考える前に、第1章のアリストテレスの項で普遍論争のもととなった「実体」の存在を説明したが、ここで少しそのおさらいをしておきたい。

アリストテレスはプラトンの哲学構想（対象をひとつにまとめ、それを分析して枚挙する）をうけて、哲学の対象として、「存在」を対象にとりあげ、それを範疇（述語の型）に分析して、その範疇を枚挙した。第一の範疇が「実体」である。第二の範疇以下は、性質や分量、位置や時間など、「偶性」ないし「関係」の範疇である。つまり第二の範疇以下は、すべて、実体に依存して、あるいは同じことであるが、実体に関係して、はじめて存在する存在と理解される。たとえば、太陽の「大きさ」や太陽の「位置」は、太陽という実体に関係してはじめて言えるものである。太陽という実体抜きでは（そもそも太陽が存在しなければ）、何の分量であるか、何の位置であるかわからない。したがって分量や位置は、実体に対して「類比的存在」とも言われる。

それゆえ、実体のみが、第一義的に存在する、と言われる。言い換えると、実体が、本来的に「主語」（最初に言われるもの）である。なぜなら、述語のほうは主語があって（主語が前もってあって）はじめてそれについて言われるものだからである。

ところが、この「実体」には、二種が区別される。具体的個物としての実体（第一実体）と、普遍者としての実体（第二実体）である。なぜなら、命題には、個物を指定して主語とする命題と、普遍者を主語とする命題があるからである。

たとえば「この人間は次郎と呼ばれている」は、個物を指して言われており、この命題は、その場でそのとおりである事象があれば、真であると判断される。つまりその場に次郎と言う人がいれば、真である。いなければ、偽である。

他方、「人間は二足の動物である」という命題は、人間一般と言う普遍者についての命題である。それゆえ、特定の人間を指して言っているのではない。それゆえそこに人間がいなくても、この命題は人間一般について言うことが真であると判断される。ところで一般に科学の命題は、第二実体を主語とする普遍命題である。普遍命題であることによって、特定の時間や場所に限定されない真理が述べられる。

つまり第一実体の場合は、その場で存在が確かめられて、はじめて真であることが確定する。第二実体の場合は、その場での存在は真であるためにとくに必要ではない。しかし、特定の場での存在（現実に経験される場面）が確かめられなくても「真である」とされるとすると、第二実体は、はたして本当に存在するのか。

なぜ、第二実体が本当に存在するかどうかが疑問になるのか、と言うと、もしも本当に存在しないなら、つまり「空虚」を指して「人間は……」と言う命題を言っているとすれば、命題の内容には実在的基盤がないのであるから、たとえ真であっても、それは客観的真理なのかが疑われるからである。というのも客観的であるかどうかは、現にそうであることがひとりひとりの心から独立して、その意味では心の外に、だれもが認める仕方で存在していることによると考えられるからである。これによって普遍論争が生じる。

わたしたちが通常、それが存在するかどうかを確かめる場は、「ここ」とか「あそこ」と言われる特定の場である。それに対して、たとえば数学的真理が語られる場所は、特定の場所ではない。なぜならその真理は特定の時間、場所を超えて「普遍的に」言われるからである。

では、普遍には「普遍の存在地平」が「個物の存在地平」とは別にあるのだろうか。そういう存在があると見るのが「実在論」と呼ばれ、ないと見るのが「唯名論」と呼ばれてきた。つまり知性によって普遍の存在が確かめられる場が「在る」と見るか、それとも、その存在はただ心のなかの論理性という地平にすぎないと見るか、の違いである。中世の普遍論争の説明では、「ものの前の普遍と、ものの後の普遍」という対比が用いられる。

ただ、この説明は神による世界の創造が背景にあることを知らないと、何のことかわからなくなるだけである。つまり先に（世界ができる前に）神の知性のうちに普遍（プラトンではイデアと呼ばれるもの）がある。この普遍者にもとづいて神は個々のものを造る。

ところで人間は、その造られたものを見て、心の内に普遍（概念）をもち「ことば」をもつ。すなわち、後者の普遍は「もの」（個物）ができたあとである。唯名論は、後者の普遍のみを認める。この場合、普遍は「ことば」による概念なので「論理的構成物」にすぎない。言い換えると人間理性のみの「主観的普遍」（人間理性のあいだでは共通）である。

他方、実在論は、後者の普遍を認めるうえに、なおかつ前者の普遍の実在を主張する。つまり人間理性が構成する普遍は、じつは神の知性のうちにあった「ものの前の普遍」を根拠にしていて、その普遍は目に見えない世界に実在しているから、普遍は人間理性のたんなる構成物（論理的存在）ではなく、まさしく実在だ、という立場である。

ところで一般に「神」は「普遍者」（ものの前の普遍）と見られる。なぜなら、特定の位置にのみ存在する「この」具体的な神が経験世界のなかにあって、それを指して命題をつくることが人間にはできないからである。すなわちキリスト教の神は唯一の神であるが、「この神」が、「ここ」にも「あそこ」にもいることを経験的に確かめたうえで、「この神は普遍的に存在する」という命題がつくられたことはない。神は、人間が個々のものを経験する前に、それ自身が普遍者であると言われる資格があるから、実在論者によって普遍的に「在る」と言われるのである。

地上の世界でものが「存在する」のは、わたしたちが偶然的にものに出会う事態である。したがって、通常の人間のことばとしては、実際的存在を意味する「存在」は、個々の具体的なものについて、偶然的にしか述べられない。それに対して、神は「永遠的存在」であると言われる。ところで、それが数学的真理の存在の永遠性の意味で言われるなら、神は数学的真理と同様に、「人間知性の設定した基準にしたがって」永遠性・普遍性をもつ存在にすぎないことになる。しかし数学的真理の存在は、論理性がもつ永遠性であり、普遍性である。それに対して、神は具体的実際的に生きている実体であると言われている。具体的実際的に生きている実体であるなら、第一実体でなければならない。そして一般的に言えば、第一実体の存在は特定の場で確かめられなければ真であるとは言えない。そして真であることがあったとしても、その場においてのみのことであって、普遍的に真であるとは言えない。したがって、第一実体としての神が普遍的に存在する、ということは、具体的に確かめることはできない。

しかし神学は普遍を論じる学問なので、神学で言われる「神」は、普遍者（第二実体）でしかない。それゆえその存在は、特定の場で確かめられる存在ではなく、数学の真理と同様に、普遍的に証明できるかどうかの存在である。しかし普遍的な証明は、数学に見られるように、論理性がもつ普遍性を頼りにしかできない。そしてそれによって証明できる存在は、第二実体につけられる「存在（ある）」であって、第一実体について通常述語される「存在（ある）」ではないだろう。

となると、どういうことになるか。

信仰の対象となり、信者が求める神は、生きている神である。その神は、第一実体でなければならない。しかしその存在を証明できる神は、第二実体でなければならない。神学者たちが存在を証明している神は、どれも生きている神（個としての神）ではなく、神学という科学の対象となる神（普遍者としての神）なのである。

そうなると、すでに述べたように、普遍論争が生じる疑問がある。普遍者の実在性について、唯名論者からは疑問が提示されるのだ。はたして普遍は「存在する」と言えるのか。

くりかえすが、唯名論の立場からすると、具体的なものについて言える「存在する」は、偶然的に出会ったもの（第一実体）について述べられる言葉でしかない。しかし、そうであれば、「神が存在する」は矛盾をはらんだことばである。主語の「神」は、永遠的で普遍的であるほかない。「神」と言うとき、わたしたちは視覚などの感覚に映じたものを意味していないからである。それは「神」として考えられたものを指して言っている。ところが、述語の「存在する」は、本来（わたしたちが通常口にするときは）、偶然的に出会ったものについてのことばでしかない。つまり「神が存在する」は、元来わたしたちが地上のどこかで、実際に神に遭遇したときに、そのときにだけ述べることができることばである。

わたしたちが正当な権利をもって使うことのできる「存在する」ということばには、必然性は内包できない。経験的に「存在する」と知ることができるものは、わたしたちが実際に出会う偶然的経験のうちにしかないからである。逆にいえば、「存在」に修飾語として「必然的」を加えることができるのは論理性にしたがってのみであり、実在性にしたがってではない。しかし「存在」ということばそのものは、異なる修飾語をもつ必然的・普遍的「存在」と、偶然的・個別的「存在」のあいだに区別の徴表はなく、論理性にしたがって言われているか、実在性にしたがって言われているか見わけがつかない。そのため、神学者がたとえ先に述べた困難を超えて、神について「存在」が必然的であると証明したとしても、その「存在」が、実在的に「必然」であるか、はたして「偶然的で個別的」ではないのか、じつは明確にできない。

たとえばカンタベリーのアンセルムスが神の存在を「より大いなるものが考えられないもの」としてその「実在」を証明しても、証明された「実在」が偶然的ではなく必然的であることは、証明のなかでまったく吟味されていない。

中世のキリスト教神学者は、イスラムの神学者アヴィセンナの考察を引きついで、「存在する」ということばに対して永遠性や普遍性ないし必然性を当てはめ、その意味を内包することばとして使うことができると、あらかじめ了解していた。すなわち、「存在」には偶然存在と必然存在があるのだと主張した。しかしこの主張は、真理の一方は論理性・合理性に即したものであり、他方の偶然存在の真理は実在性に即したものであるという真理の様相の違いを無視している。しかしイスラムからアリストテレスを学んだヨーロッパの神学者は、その違いを無視する（気づかない）ことで、神の存在問題の解決をはかった。

こうしてキリスト教神学では、プラトンにおいて追及されていた「永遠的で普遍的な存在」とは別に、「神が存在する」という意味での「存在」が、思惑的な存在（真偽が決定できない存在）とは異なる「真なる存在」として、十分な吟味なしに主張されたのである。

言うまでもなくプラトンでは、ものが「存在する」は、真偽いずれもある思惑的判断の最中にある。それに対して「真」として決定される存在とは、理性による合理的（論理的）判断によって、必然的に真であると判断される存在にほかならない。プラトンは理性のみが見いだすことができるその必然的に真なる存在こそが、真実在であると見なした。

プラトン自身の著作において神の存在は、デミウルゴスの名で知られているだけで[21]、神の存在がイデア世界の論理に即した存在であるということは明瞭にされなかった。

中世に発達したキリスト教神学は、おおむね神の存在を上方世界に置いて「神の存在証明」を行った。それゆえ、それと気づかずに「神が存在する」というときの「存在」が、本来用いられる思惑の領域から合理性の真理の領域に移されたと思われる。

つまり神の存在の啓示は、それ自体はユダヤ民族における偶然的出来事であったが、啓示された神の存在という意味内容から（理性の合理性に即して）、神の存在は第一存在であり、永遠存在であり、必然存在であると結論されたのである。

さらにプラトン哲学では、「永遠的で普遍的な存在」のみが「必然」のしばりをもつことができた。そして（くりかえすが）具体的なものが「存在する」は、かつてはこの必然のしばりを受けることがない述語であった。ものは存在したり存在しなかったりするからである。それなのに神の「存在」においては、特別に「必然」が要求され、神は本質において存在であると主張された。

その理由は、神が唯一の創造者であるなら、神は、世界のすべての存在の第一原因でなければならないからである。原因なしには結果がない、ということが因果の鎖の必然であるとすれば、被造物の存在という結果を生じている第一原因は、たとえ被造物の存在は偶然的であろうとも、存在することの究極原因、あるいは究極の原理であるゆえに、「存在することが必然である」という結論を導きだすほかない。「ほかない」と考えられるのは、言うまでもなく、これは人間理性がもつ論理性による必然だからである。

このように、「存在する（実在する）」は、かつては偶然の様相をもつ思惑の領域の出来事でしかなかった。それが神の存在が扱われるようになったことで、必然の様相をもつ永遠的で普遍的な真理の領域に述語されることとなったのである。

プラトンの二世界のなかで、かつては下位の世界の述語でしかなかった「存在」、すなわち、肯定されたり否定されたり、判断が揺れ動く「存在」であったものが、第一原因についての述語であるがゆえに、上位の世界の述語、永遠で不動の「存在」に移されたのである。それはすなわち「生きている神」を真理の世界の主人として「プラトン哲学を構想する」ことであり、キリスト教神学を形成することであった。

9――神を頂点とする秩序

神を唯一の第一原因と見なすなら、そしてこの第一原因が、「存在する」ということに関しても第一原因であるなら、それ以外のものは、この「存在」において原因されたもの、すなわち被造物の「存在」である。しかもその第一原因は自由意志でもあるのだから、被造物の存在を「自由に」、言い換えれば「偶然的に」生じる。したがって「存在する」については、神の存在だけが上位の普遍的世界の存在であり、その他のすべての存在は、下位の思惑的個別的世界の存在である。

しかし普遍的なものとして表示される「本質」については、それが本質であるかぎりは、被造物のものであれ、上位の世界に属する。そして下位の世界に存在する人間の知の愛求の対象となる。言うまでもなく、それは神にとっては既知の対象である。

キリスト教は聖書を神からのメッセージとして理解するのであるから、アウグスティヌスも神からのメッセージを忠実に受けとり、神がつくったと言われる世界の秩序を踏襲する。

彼の著作『自由意志』によれば、第一に造られたのは、目に見えない光であった。アウグスティヌスはそれを「魂」であると解釈した。「魂」というのは生命原理であり、そのなかでも天使の魂が最初に造られた。つぎに中間的な魂が造られた。中間的な魂とは、罪に落ちたが、罪を償うことができる人間の魂である。その下に位置するのは、かつては天使であった悪魔の魂である。その魂は自由意志をもつが、罪を犯すことによって堕落し、その意志は罪を犯すことを必然としている。神が恵みを与えることを拒んだからである。

その下には自由意志をもたない、また理性をもたない動物の魂がある。しかし魂であるかぎりは、物体的などんなものよりもすぐれたものである。

アウグスティヌスは天使から秩序がはじまるようすについて、つぎのように言っている。

　このすぐれた被造物〔＝天使〕は、創造者をたえまなく楽しみ、それによって自己の終わりなき至福をもっている。彼らは正義を保持しようとするたえまなき意志によって、至福に価するものとなった。次にくるものとして、罪を犯しうる被造物〔人間〕がある。彼らは罪を犯して至福を失ったが、それをふたたび獲得する能力まで放棄したのではない。この被造物は、たえまなく罪を犯そうとする意志をもつものよりは確かにすぐれ、かの常に正義を欲する第一位の被造物との中間に置かれる。このいわば中間性は、彼らが謙虚に悔い改めるならば、自己の本来の尊さを受け取る、ということを意味する。

神は、第三位の被造物〔悪魔〕が将来罪を犯すであろうことを予知しただけでなく、罪を犯す意志の中にとどまることをも予知したのである。けれども、彼らにたいして恵みの溢出をやめて、それを創造しないようにしたのではない。道に迷う馬は、自らの運動と感覚をもたないために迷うことのない石よりも、より良い。同様に、自由意志によって罪を犯す被造物は、自由意志をもたないために罪を犯すことのない被造物よりも、より良い。あるいはまた、わたしは上等の酒をほめるが、酔っ払いを非難する。しかし酔っぱらって非難される人のほうが酔わせる酒――それがほめられようと――にまさる、と私は考える」（泉治典訳）[22]

このように、聖書の創造説では身体も含めた人間は最後に造られたのであるが、キリスト教会の教義によって、魂（生命）の秩序が、天使の創造のうちで理解されたのである。

ところで、人間がもっている知の愛求の対象となるのは、言うまでもなく、これらの「本質」である。その本質についての知識は、もともと神の知性がもつ知識である。したがってその知識を追求することは、じつは神を見て楽しむという、キリスト教会が信者に約束する人間の死後の「至福状態」を追及することである。キリスト教では、祝福された魂は、死後、身体から離れて、神と顔と顔を合わせて対面すると言われる。そして信者は、この至福に至

るまでの旅路をたどる旅人であると言われるのである。(23)
すでに述べてきたように、キリスト教神学は合理性の条件とのあいだで多くの矛盾を含む。しかし、それはプラトンにならう神の知の追求であり、なおかつ、人間を至福を求めて歩む「旅人」と見なすキリスト教会の信仰と一致する。つまり哲学の権威と宗教の権威は一致している。

それゆえ神学の権威はキリスト教世界ではなかなか衰えない。他方、具体的な被造物が個別に「存在する」という事実のほうは、神学の視点からしてもまったくの偶然でしかない。それは神学が追求すべき永遠的な知識とはならない。それゆえ神学は、周囲に見られる個別の存在に対して科学の目を向けることがなかった。神学がもつこの世界理解は、中世において近代科学への発展を阻むことになった。

それでもヨーロッパが近代へと変遷しえた原因は、アウグスティヌスがたずさえていたストア哲学の一面であろう。そこには感覚的(形体的)現象のうちに必然的真理を垣間見るエピクロスの時代に強調されていた精神があった。自然と道徳を区別して考える思想も手伝って、一三世紀の末、ないし一四世紀初めに、ドゥンス・スコトゥスの神学は自由意志の関わらない自然現象から真なる確実な命題(科学的知識)が引きだされうることを証明したのである。(24)

10――恩恵と賛美

この章の最後に、これまで哲学史では触れられてこなかったことがらを指摘しておこう。アウグスティヌスは秩序があることを信じているが、それでも秩序が神までも支配していると言っていいかどうか、あるいは、すべてのものは秩序のうちにあると考えるが、悪もまた秩序のうちにあると言っていいかどうか、断言できかねていた(25)。とはいえ、神の権威と哲学の理性を信奉していた彼は、プラトンが示した秩序をおおむね信じていた(26)。すなわち神によって造りだされた本質の秩序は、神の自由意志のもとに、ある限定された不変性(安定性)を保つ。つまり被造物とはいえ、それがもつ本質の地平にあるものは、人間がもつ知識としては十分な永遠性をもつ秩序である。一方で、目に見える地上の被造物、すなわち個々のものどもは、変化して動きをやめない無秩序なようすであった。

哲学が教える秩序を垣間見るとき、アウグスティヌスは神への賛美を語る。アウグスティヌスは、『自由意志』のなかで、神によって造られた秩序を述べたあと、神をたたえるべきであると述べる。

それゆえ、どの魂も、どの物体よりかすぐれている。……それゆえ、どうして神がたたえられないことがあろうか。いいがたい賛美でもってたたえられないことがあろうか。

当時も、そしていまも、修道院のなかでは日々、修道士による神への祈りと賛美がつづけられている。それはともすれば「むかしからそうだったから」と、理由もなしにつづけられる習慣に堕してしまいやすい。しかし、この賛美の思想的基礎を見落とすべきではないだろう。

アウグスティヌスが秩序にともなって賛美を言うのには、おそらく理由がある。彼の生きたローマ帝国内に、かつて（紀元後一世紀）、皇帝の側近として仕えながら死を命じられた哲学者セネカがいた。セネカはソクラテスのように唯々諾々と、風呂場で血管を切って死んだと伝えられている。

自殺は信仰において否定されていたけれども、死の怖れにとらわれていたアウグスティヌスにとって、(27) セネカの死にざまは憧れの存在であったに違いない。しかもセネカは、キケロと並ぶラテン作家（名文家）であった。アウグスティヌスは詩人であり作家だったので、セネカの作品を好んで読んでいたに違いない。

そのなかのひとつ『恩恵について』という作品でセネカは、恩恵を受けていながら感謝のない人間は悪人である、と端的に論じている。セネカはストア哲学者であり、プラトン哲学のような二世界説を背景にもたないが、それでも社会がもつ上下の秩序、なかんずく精神の高低を常識としていた。セネカは皇帝ネロが政務を執るのを助け支えたが、ネロがなんら感謝の念をもたないことをうらめしく思っていたらしい。セネカは、何らかの意味で上の者から下の者へ施される恩恵と、それにたいする感謝は、人間がもつべき徳であると主張している。

このような考察を引きついでアウグスティヌスが示したキリスト教神学では、秩序の第一のものは、言うまでもなく生きている神であった。あふれだすものは神の愛（恩恵）であった。

それゆえアウグスティヌスから見れば、宇宙の安定した秩序は神の与える恩恵であり、その恩恵に応えるものが神への賛美であった。それゆえ神学においてもまた、知の愛求とともに、宇宙の秩序を賛美すべきであると彼は考えたに違いない。おそらくそれゆえ、アウグスティヌスの精神を引き継いだカンタベリーのアンセルムスも、思索に際して、祈りと賛美を欠かさない。中世の神学のそこかしこにあらわれる神への賛美の声も、ヨーロッパ哲学の歴史を省るとき、見落としてはならないポイントなのである。

第4章　信仰と徳、さらにその先へ

1――キリスト教信者の徳

古代の倫理学は一般に「徳倫理学」である。社会のうちで「美徳」とされていることがらについて研究する。

現代日本では、人がすることについて、それが法に触れるかどうか、他人の迷惑にならないか、あるいは、悪いこと、汚いこと、醜いことではないか――そういうことなら話題になることがある。しかし、なにが人間として「立派なこと」かということは、あまり積極的に話題にのぼらない。ヨーロッパにおいても、ソクラテス以前にはどうやら同じであったらしい。なぜならソクラテスは、裁判の弁明のなかで、世間一般の人が自分（ソクラテス）の態度についてもつであろう疑問をとりあげて、あたかもその人物と話しているかのような口調で、つぎのように言っているからである。

君の言うことは感心できないよ。もし君が、少しでも人のためになる人物の考えなければならないことは、ことを行うに当たって、それが正しい行いとなるか、不正の行いとなるか、すぐれた人のなすことであるか、悪しき人のなすことであるかという、ただこれだけのことではなくて、生きるか、死ぬかの危険も勘定に入れなければならないと思っているのだとしたら。なぜなら、君のそういう議論からすれば、あのトロイアで生涯を閉じた半神たちは、くだらない連中だったということになるだろうから(1)。

この言からすると、ソクラテスは、数十年間にわたって日々他人を呼びとめて行ってきた問答において、美徳を問題にし、それまでだれもしていなかった問い、すなわち「優れた人のすることか」「悪い人のすることか」という問いを人々に投げかけてきた、と言っているように思われるからである。

すでに述べたように、ソクラテスが当時の人から見てきわめて珍しい、ほかには考えることのできないような人物であったことは、プラトンが証言している。このような倫理学の視点もおそらくソクラテスによってはじめて人類に提示されたのであって、ギリシアにおいてもそれ以前にはなかったと考えてよいのではなかろうか。

しかしプラトンがそれを耳にし、作品に描いたため、大きな影響力をもったプラトンの作品を通じて、徳倫理学はヨーロッパに定着した。一方、ソクラテスの衝撃をもたない日本の知の伝統では、徳倫理学が省みられることはほとんどなかった。

徳倫理学はいわゆる偉人伝で具体例が集められ、それを基にして、一般に社会で「立派なこと」とされることを抽象化・種別化（短いことばで定義する）し、その内容を批判的に吟味する（ソクラテス的吟味を行う）ものであるけれども、日本でいくらかでも近いものを探すとしたら、戦前の教科書に載っていた「立派な軍人さんはこういうことをされた軍人さんです」というたぐいのものしかないだろう。しかし戦争に懲りた現代の日本では、「偉人伝」をふりまくのは右翼的臭いがして疎んじられるので、徳倫理学の端緒をつけるのがむずかしい。また、かつて立派だと言われていた人に問題が見つかることはよくあることだから、「本当に立派な完全人格」などありえない、という空論説で終わってしまう。

とはいえ、徳倫理学がとりあげる「徳目」は、個人からは抽象される（概念として離される）ものだから、たまたまあるとき、そのときだけその人の行動に見られただけであっても、研究対象としては十分なのである。

たとえば、大きな組織に挑んでその不正を暴いて多くの人々をその悪から解放した人が、ほかで何か悪いことをしてしまっても、あるいはその前にしていた不正が暴かれても、その人のした立派なことは、その人格全体からは引き離されて、独立に検討される。徳倫理学は、偉人個人の研究ではなく、その人がもった「よいところ」をとりだして、それを研究するのである。

たしかにその美点が人間のなかでどのようにして実現するかも研究の課題なのだから、個人の全体との関連も研究されるが、かならずしも歴史的に実在した人物に依存した研究ではない。むしろ学的であるためには、具体的個人への個別的依存をできるだけ断ち切らなければならない。

古代ギリシアにおいて、そのような人間の徳目として数えられたのは、勇気（剛毅、気概）、節制、敬神、正義、英知（思慮）の五つであった。言うまでもなく、これらの徳目の列挙もおそらく、起源はソクラテスによる。

戦場その他の場面で勇敢に決断し戦う人は、その「勇気」に多くの人々が着目し賞賛するであろう。目先の利益や欲に動かされない人は、欲を制する点で立派であり清潔な人と見られ、その「節度」が賞賛される。供物をささげ、神への篤い敬いを持つ人も、その「敬神」の真摯さが賞賛された。また個々人の利益を超えて「正義」を守る人は、おのれの都合からつい不正に目をつぶってしまう人を見慣れた人々から、その立派さが賞賛されるであろうし、ほとんどの人々が軽薄な思いで生活するなかで、深い思慮をもって行動する人は、「思慮」深い人物として賞賛される。

これらの徳目をそなえた人物こそが、古代の教養ある人々から称賛されてきた。

すなわち徳をもった人間とは、そのことで国家社会の成員が心を動かされ、賞賛したくなる存在であり、国家がその人物によって他の国家から尊敬の対象となる存在であり、国家社会の成員がその魅力に引きこまれ、この人にリードしてもらいたいと思うような人間である。そして徳目とは、それぞれの社会において高く評価されるべきと考えられた人物が「どのような点で」評価されてきたかを示すものなのである。

キリスト教の時代になると、「敬神」の徳は「信仰」と名前が置き換わり、さらに神との関係における美徳であるために一般的な徳目以上のものと見られて、神学の徳目（神学徳、対神徳）に移された。したがって五つあった一般的な徳目のほうは、ひとつが居場所を移されたため、四大徳（四枢要徳）と呼ばれるようになった。

神学徳（対神徳）とは、「信仰」「希望」「愛」の三つである。これは使徒パウロによってキリスト教信者に与えられた独特の徳目である（パウロの手紙に明示されている[2]）。

キリスト教の初期、迫害の時代にあっては、神を「信じ」、神が約束したように、神は自分たちを救ってくれる（天国に迎えられる）ことに「希望」を失わず、神の「愛」（信者どうし助けあい、励ましあう愛）をもちつづけることが、信者の模範、鑑であるとされた。

さらに修道院制度の秩序（院長への絶対服従）がひろまるなかで、上位の者への「従順」が徳目に加わる。また正確にはいつごろから言われだしたかわからないが、ヨーロッパでは、「率直さ」は、（特別な何かではなく）だれでもあたりまえにもつべき徳として受けとられている。

これらの徳目に反するものは、その社会においては醜いものと見られ、非難され、拒絶される。古代ギリシアとそれにつづく時代のヨーロッパにおいて、臆病、放埒《ほうらつ》、不敬神ないし無信仰、愛のないもの、不正義、無思慮、不従順、等々は、「人間の醜さ」であった。率直さに反する「裏表のあること」も拒絶の対象となった。

社会のなかで何が賞賛され何が非難されるかという点で、日本の社会と共通であるものもあれば、かならずしもそうでないものもある。たとえば日本社会にある本音と建て前は、ヨーロッパでは拒絶の対象である。したがって倫理道徳に関しては、彼我の違いはあると考えなければならない。

わたしたちは、ヨーロッパの哲学を理解するために、このヨーロッパの道徳学・倫理学を学ばなければならない。なぜなら広義のヨーロッパの哲学は、人間の意志から独立した対象を考察する「自然学」と、人間の意志（主観）から生じる行動・態度を対象とする「道徳学」のふたつを含んでいるからである。

自然学は自然を客観的に（変わらぬ本性と）見て、そのありさまを研究することであるから、個人的利益や主観から単純に独立している。それゆえ彼我の違いは起こらない。しかし道徳学は主観を研究するものであるから、それを学ぶ際、彼我の文化の相違に注意しないと、その学習においてゆがんだ理解が起きる可能性がある。彼我の違いを自覚しないまま、ただ相手の述べていることを聞いていると、耳だけの理解になって、おのれを基盤とした納得のいく理解にならない。言われるがままに、よくわからない説明を聞いて混乱し、道徳学・倫理学を机上の空論とみなして、耳を傾けない風潮が生まれる可能性がある。日本で道徳がどのように教えられるべきか、人々のあいだで議論がまとまらず、いつも不明瞭なままであるのは、存外こういう理由があるのではないかと思われる。

とくに戦前の教育が軍国主義的であったことに懲りた日本は、道徳を教えることは過ちを犯すことになると思いがちである。この風潮によって、学校教育のなかで徳目が教えられることはほとんどなくなったし、あらためて徳目（日本社会のなかで評価される人間性は何か）を研究することも少なくなった。

しかし自分自身を知らないでいては、他者の理解も本物にはならない。なぜならヨーロッパの哲学は、「おのれを知る」ことをつねに重大事であると見ているからである。徳倫理学は、直接には個人から切り離された徳目を研究する。しかしそれをするときも、おのれのもつべき良さを他者と共有できる知の地平――他者と共有できる知の地平は「自己」から離れた地平である――において見いだすために行うものである。おのれと離れて研究が行われても、おのれの問題と完全に切り離されることはない。

実際、おのれという足もとを見なければ、各個人の、そのおのれを「善きもの」と見なすことができる「美徳」について研究することはできない。ヨーロッパはヨーロッパで、「おのれを知る」努力をつづけつつ現代の哲学を語っているのだから、その点ではわれわれも同じ努力をしておく必要がある。

2――日本人の徳と信仰

すでに指摘したように、日本の神道には「教義を知って、そのうえで信ずる」という仕方での「信仰」はない。せいぜいギリシア神話のように、神々や霊的なものについての「物語」をもつだけである。しかし物語をもつ神々や霊的なものは、実際には特殊なものである。なぜならそれは古事記や日本書紀に記されて残っているものばかりだからである。

記紀に残されている内容は、天皇の支配に反しないものばかりであることは、記紀がつくられた事情からも十分に察することができる。天皇にかかわる「支配」勢力のあなどれない力を考慮に入れておかなければならない。その一方で、神道の全体は「ことばになっていない」だけ討議されることがなく、吟味を受けることをのがれている。

つまり神道について本のなかで物語られるのはごく一部にすぎず、昼間の出会いのひとつひとつから生まれる感興は、むしろ日々の実際生活のなかだけで親から子へ伝えられていく。朝日のまぶしさ、夕日の美しさ、巨木のたたずまい、水の流れ、土のにおい、四足の動物との出会い、巨岩、そのほか、人に踏みつけられる草のような些細なものに至るまで、人がふいに何かを感じるとき、わたしたち日本人は、日常性のなかで見落としがちな霊的生活をもつ「我に返る」。わたしはそれをあやふやに「共感的信仰」と名づけておいた。

この信仰は、ヨーロッパにおいては、長い年月にわたる知の吟味によって追い払われた信仰（古いケルトの民間信仰）である。これに代わって現れたのが、キリスト教のような大きな建物で言葉にされ、討議され、祝福された信仰である。この新しい信仰はヨーロッパでは哲学の対象とされてきたために、現代に至ってもなお哲学の基礎となっている。それゆえに、ヨーロッパの哲学を学ぶものは、キリスト教を学ばなければならない。

道徳についても同様である。

わたしたち日本人は、ヨーロッパで討議されてきたような道徳をもっているわけではない。徳に当たる大和ことばは、おそらく「面目」だろう。

ヨーロッパの美徳はそれ自体が立派であると評価されるものであるのに対し、面目は、まさに世間の目を強く意識したことばである。さらに言えば、ヨーロッパの美徳は主体が身に着けた卓越性と言えるが、面目には主体性がなく、世間の評価をおそれ、自分の評判を維持するために守るものを言う。たとえば「面目ない」とか「面目にかけて」という表現は主観的であり、世間を気にして自分で言うことばである。「面目をほどこす」とか「面目躍如」などは他人が人物評価に使うこともあるが、基本的には、面目はそれがあるかないかが主観的に考えられていて、ヨーロッパの美徳と比べて客観性が求められていない。日本は「恥の文化」であるという研究があるが、「面目」はこの「恥」を表す顔のようなものである。

とはいえ、世間一般が何を「恥」と見ているかを研究できれば、日本のそのときどきの美徳が見えてくる。

日本ではかつて「武士に二言はない」という気概があった。庶民のなかの類似の気概は、「意地を張る」ということばであらわされた。前者は武士の立派さを示す。ただし、それが立派なものであるのは、率直に正義を求めて自身が述べたことばを守るからである。他方、庶民の「意地」は、気概であるときもあるが、「意固地」と言われ、個人のただの「執着」にすぎず、社会的・公共的価値があると考えられないときもある。嘲笑の対象となることさえある。それでも二言をもたない武士との類似からか、意地を張る人の姿は庶民の好みの対象ではある。ただ、知の吟味をもたない日本では、そのあたりがどうにもあいまいなのである。意地の張りあいがあったとき、人がどちらに共感を覚えるのか、あるいは嘲笑するのか、それは状況しだいであり、あやふやなままにされる。

「義理と人情の板挟み」とも言われる。「義理堅い」ことも「情け深い」ことも好ましいことであり、いわばどちらも日本人にとっての徳の一種である。ところが「板挟み」と言われるように、このふたつはときに衝突する。たとえば、情の深さゆえにある人を好きになったら、その人がじつは恩人の伴侶だったがゆえに義理が果たせず窮地に陥るというのは、小説にもなった状況である。むしろ日本人はこうした困難に陥る人間に同情（共感）し、それゆえ多くの文芸作品が生まれた。義理に生きるか情けに生きるかは、ハムレットの「生きるべきか死ぬべきか」に匹敵する二者択一の問題である。

こうして見ると、日本人の道徳においては、信仰の場合と同様に、何らかの点で他者への共感が自然に自分の心のなかに湧き起こることが、他者の良さ（徳）をはかる基準になっている。別の言い方をすれば、日本人は生きる上での好ましさに関して他者と共感できるものがあれば、それが「ことば」にできないものであっても、あるいは、他の良さとぶつかることがあっても、気にかけずに称賛する。多くの場合、徳のあいだの一貫した論理性を求めない。それゆえ、ある好ましさをもつがゆえに、他の好ましさをもてないとか、もっても弱い程度にしかもてない、ということが起こりうるのである。

しかしこのようなことは、ヨーロッパで数えあげられてきた徳目のあいだにはない。たしかに勇気があっても節制がない人はありうるし、その逆に、節制はあっても勇気がない人もありうる。しかし勇気を「もつがゆえに」節制がもてないということはないし、正義と敬神が衝突することもない。一般的には、それらは相互に補い合う関係にある。

要するに、ヨーロッパにおいては、徳は絶対的に善美なことがらなのである。どの徳も善美なものだから、同じく善美なものである他の徳と矛盾することはありえない。そのことは、それらが徳であることを再度納得させる。すべての徳を完璧に一身に担う偉大な人物も、ヨーロッパでは十分にありうる。

3――信仰と道徳

キリスト教の神は、人間を神に似せてつくったと言われている。関係が相互的であるなら、神は人間に似ているということになる。それゆえ、神にも美徳が帰せられる。

ヨーロッパ中世において神について言われる徳は、何より「正義」であった。そしてアウグスティヌスによれば、正義とは、各人に各人のものを与える徳である(3)。それぞれの存在にふさわしいものがあてがわれることが、正義なのである。そして神は、その仕事をきっちりと行っている、と見られている。

神は宇宙を秩序をもって創造し、被造物のそれぞれにふさわしい善を割りあてている。悪いものにも善いものにも、それぞれにふさわしい賞罰を与える。したがって、神を信ずるとは、神が正義であることを信ずることである。そして人間が正義であるためには、神の正義にならって正義であろうとするほかない。

また神は「愛」であると言われるが、その愛も被造物に対する正義として示される。つまり神に近いものがより多く愛され、神自身が最大限度に愛される。それゆえ信者は、神をほかの何よりも愛さなければならない。ほかとは言うまでもなく被造物である。神は被造物を愛する。愛するがゆえに創造したのである。しかしそれでも、神は自身をほかの何よりも愛することにおいて、正しい愛をもつのである。すなわち愛についても、神を頂点とした秩序に沿って、神自身は神自身をもっとも多く愛し、被造物をその秩序に沿って、より少なく愛している。

すなわち正義だけではなく愛にも秩序があり、アウグスティヌスによれば、秩序に則った愛が正しい神の愛なのである。そうであれば、神学が語る愛はむしろ、プラトンが神の知識（イデア知）を対象とする愛求を考えたとき語った「愛」（エロース）であろう。実際プラトンにおいては、哲学者が天上に向かってイデア知を愛し求めるときの愛が、最善にして最高の愛であった。

ところでキリスト教神学においては、そのイデア知は「生きている神」がもつ。もちろん神学者は神が持つ知を追求するのであるが、プラトン哲学の論理によれば、神自身も他の何より最高の知を愛する。そして最高の知とは神の知であり、神自身である。したがってキリスト教神学においては、神が神自身に向けてもつ愛が、最善・最高の愛となる。

結局のところ、正義も愛も神への信仰によって、神という絶対的な正義、至高の愛を基準にして成り立つと考えられたのである。

他方、節制は、下位の存在秩序に向かう愛（欲）の抑制である。自分よりも下位のものを求めることの自制である。したがって「節制」もまた神の正義（秩序）に則るものである。

また、求めるべきものと避けるべきものを区別する徳としての「思慮」も、その区分は神が与えた秩序であるから、やはり神の正義による。「勇気」も神の正義に対する忠義としてある。すなわち、神への信仰のためには自己の命はささいなものと考えなければならない。

　してみれば、どの徳も神の正義ないし神がつくっている秩序にのっとった徳（卓越）である。それゆえ人間がもつさまざまな徳は、神の正義を信じてこそ得られるのであり、信仰（神の正義を絶対的に信ずる信仰）に基盤をもつと考えられるのである。

　ところで、神父の前でおのれの罪を告白し、ゆるしを受ける、というキリスト教に特有の儀式がある（カトリックでは「ゆるしの秘跡」（告解、悔悛）、正教では「痛悔機密」という）。これは当人にとって大きな救いであるため、キリスト教の徳のひとつと考えられる。たしかにそれは、罪を犯した一般の信徒が、地獄行きを逃れるために、ぜひにも求めるものである。

　しかし罪のゆるしは神のもつ徳ではあっても（実際それは神に特有の力である）、人間のもつ徳ではない。しかも神の徳ではあるが、通常の神の正義ではない。正義にもとづくなら、罪は罰せられるべきだからである。

　罪が相応に罰せられるのは神の知性にもとづく。なぜならそれは永遠的論理性にしたがうものだからだ。それに対し、罪を罰しないのは、神の知性に根拠があるのではなく、神の至高の自由によるものである。神の三位一体の構造にもとづいて比喩的に言えば、子なる神が父なる神と相談し、その相互の愛から生ずる聖霊によるものであって、すでに決まった規則（論理性）にしたがって起こるものではない。

　ところで神学は、神の知を根拠にする学知である。したがって神自身の持つ知こそが厳密な意味での神学そのものである。「神の神学」と言われる。人間がもつ神学はその一部を「聖書」において獲得し、推論をまじえることによって神の神学をまねたものである。「聖書神学」と言う。それゆえ人間のもつ神学は、人間に聖書を啓示した神の自由な意志にもとづくとしても、神の自由な意志自身を含むものではない。

一方、個々人の悔悛による罪のゆるしは、本来、神の自由な意志であり、キリスト教会が特別に神から引き受けた聖霊の力によって、言い換えると、教会がもつ信仰を支える力によって、教会が「特別に」もつことができる権能である。神学という公共的な学問の力で説明できるものではない。それゆえ贖罪は神秘（秘跡）と見られ、神学者の説明（学的探究）の対象となるものではなかった。おそらくそれゆえに、中世の神学テキストには、悔悛によって起こるとされる滅罪についての批判的吟味は、ほとんど見当たらない。

4——社会の賛美と人間の顔

徳は、社会の必要に応じた理想の人間の性質である。勇気は戦争で諸外国に勝つ力の源泉であるし、節制はふだんから身を引き締めて緊急時に備えられる人間の性質であり、正義は社会の秩序を保つ性質である……等々。いずれも国家社会がめざすものを実現するために、その構成員が努力すべきものを意味する。

では、徳目がその社会が理想とする人間の性質であることに、どんな意味があるのだろうか。

まず個々人がこれらを指標とすることで、自分が社会の評価を得るためにどのような努力をすればいいかを容易に判断できるという利点がある。他方、社会に出て他者を非難するとき、どこをとらえて非難すればいいかを容易に判断することができる。つまりこれは実は、人間がどのような顔をもって町に出ればいいかを教えてくれるものである。

人間には個人のプライベートな世界がある。そこでは他人に見せる顔はいらない。しかし一歩町に出れば、何らかの顔をもたざるをえない。町なかで「いい顔」をしていさえすれば、その人間は尊重される。どんな顔がいいかと言えば、社会がそこにいる人間に求めている顔である。その「顔」は、人間が社会のなかで果たす役割に応じた「顔」である。

この意味で、人生は劇場にたとえられ、個人は社会の役割を演じる役者とみなされる[4]。人は演ずべき役を演ずることができたとき、それも人一倍見事に演ずることができたとき賞賛を受ける。社会に大きな恩恵をもたらした人物として、あるいは社会を守った人物として、たたえられるのである。だから、この「顔」は世間に向いた顔である。

これに対し、キリスト教がもたらした「愛」という徳目は、神の愛であるとともに隣人愛でもある[5]。キリストは異なる愛をひとつと見る立場を主張した。いずれの愛も信仰によってもたらされる聖霊の愛によると考えられた。聖霊とは神のペルソナなので神自身である。つまり聖霊の愛が神のもつ愛である。神は超越的で普遍的であるので、この愛も超越的で普遍的である。

ところで、人間が神を愛そうとしたとき、人間同士の自然な愛の力は神までは届かない。それゆえ人間が神を愛するには、聖霊を必要とする。聖霊は神自身なので、その愛は神自身を愛することができる力をもつ。しかも神からもたらされる愛は、人間が神を愛することを可能にするだけではなく、同時に、隣人を愛することを可能にする。なぜならこの愛は超越的な愛なので、神と隣人という、まったく異なるふたつの対象の違いを乗り越えて、愛を実現するからである。神は自分自身と自分を信ずる信者を愛しているゆえに、信者が神から受けとる愛は、神と隣人（信者）を同時に愛する愛だと言われるからである。

したがってこの愛はきわめて多義的で、社会的・世間的であると同時に個人的でもある。秩序に即して愛すべきものを愛する愛であると同時に、まったくプライベートに、社会的ないし自然的秩序から離れて個人に向けられる愛である。

このふたつの愛を同じ愛ということばで語り、いずれにも神の根拠を与えることによって、キリスト教は個人的な愛にも、社会的愛と同じ価値を与えることになった。

キリスト教では、神は「三つのペルソナ」をもつと言われる。ペルソナはもともと劇で使われる仮面を意味している。それゆえ神の三つのペルソナは、神が人間社会に示す三つの役割（役の顔）をあらわしている。第一の顔は、正義をもとめる（戒律を課す）きびしい父親の顔であり、第二の顔は、罪からの救いの道（天国への道）を教えるキリストの顔であり、第三の顔は、キリストにしたがう者が、信仰、希望、愛をもって生きる礎とすべき教会（聖霊）の顔である。顔のひとつであるキリストの顔は、イエス個人の顔でもある。そしてイエス＝キリストは、「神を愛することは、隣人を愛すること」と、隣人愛という個人的な場面の愛を、神の愛という普遍的な愛と同一であると教えた。それゆえキリスト教は個人の愛を、普遍的な愛、すなわち社会的・公共的な愛と同様であると公認したのである。

「ペルソナ」とは、元来の意味が演劇で使われる仮面なのであるから、演劇の舞台に乗せることができる「役柄」を意味する。そして舞台の上の人は、舞台の下にいる人々（一般人）が賛美の対象とするものである。はじめのうちヨーロッパ社会は、社会的な意義をもつ「顔」、つまり高い社会的地位をもつ役割に限って賛美の対象とし、「ペルソナ」の名を与えてきたが、産業革命を通じて庶民の力が大きくなるにつれ、しだいに庶民のプライベートな空間に見られる「顔」、個人的な役割を果たす「顔」にも賛美の対象をひろげた。かつては神々や王族の愛のみが舞台にあげられたのだが、いまや映画やテレビドラマにおいても、庶民の家庭的な愛や個人的な恋愛などが演じられ、賛美の対象となる。それと同じように、中世までは司教など高位の人物にのみ「ペルソナ」の名が与えられ、庶民も含めた人間一般にペルソナがあるとは認められなかったが[6]、近代へと向かうあいだに、庶民の個人にもペルソナが認められるようになったのである。

現代の英語「パーソナリティ」（personality）は、テレビなどの芸能界で一定の評価を受ける役まわりを演じる才をもつ人一般を指すことができる。その言葉「パーソナリティ」は、まさにラテン語で「ペルソナ化」(personalitas) を意味する。つまりかつては舞台の下にいてペルソナでなかったものが、舞台にのぼり、ペルソナ(賛美の対象)になったのである。

とはいえ現代においても、文明社会の発展のために必要な役を与えられるのは比較的少数にすぎない。それ以外の多数は舞台上の役をもらえないで、舞台の下で賛美する役柄を演じるほかない。じっさい社会道徳の教育は、舞台の上にあげられる人間になるために必要な努力を教えることにある。美徳を身に着けて賛美される人間になることを教えるのが道徳教育である。そして美徳を身に着けるとは、そういう「顔」をもって生きていけるようになることなのである。

5――感謝と賛美

現代では社会の「笑い」「明るさ」「ユーモア」を演出するエンターテイナーが賛美され、経済活動を活発にする「金持ち」が賛美される。あるいは、科学に貢献したノーベル賞の授賞者が賛美される。徳目の内容は変わっても、それをもつ人を社会は「賛美」する。

それはつまり、その人のその性質の「おかげで」、この社会は他の社会とくらべても良い社会として維持され発展している、と人々が評価していることを語っている。その人の性質は社会に一定の「恩恵」を与えた、と見られ、当然の返報として何らかの「感謝」が公的に示される。功績に応じてそのつど顕彰されるわけである。

他方、宗教の世界では、その社会が一般的に信じている神がいれば、その恩恵にたいして「神をたたえる」儀式が行われる。「神の恩恵」は人間の知りえないことがらにまで及ぶので、そのつどたたえる儀式を行うのではなく、毎年ある季節が来れば祭る、という形式をとるだろう。

社会の顕彰制度や神々の祭りは、恩恵にたいする「賛美」「称賛」「おかげさま」「感謝」等々を示すものである。人間についての顕彰制度は、若い人のなかからそのような性質をもつ人が出てくることを期待する社会の表明でもある。神に対する「感謝」は、「称賛」「賛美」という仕方であらわされる。神々が人間よりはるかにすぐれたものであるために、感謝としてさしだすことができるものがほかにないからである。

他方、神に対しては、将来の願いごとを祈るほうが一般的だと思う人がいるかもしれない。キリスト教の初期に見られたように、この世に希望がもてない迫害のさなかの祈り、あるいは同様のさし迫った状況では、そうだったかもしれない。

しかし現在の神の恩恵にさえ気づかない人間の願いごとなど、はたして神が聞いてくれるか疑問であるし、そもそも神への祈願は神を動かそうとすることであって、人間の不遜・傲慢とも言え、そのような祈りは、かつてはむしろ神の怒りを買うと見られた。とすれば、祭祀や祈祷の第一義的な意味が祈願であることは、一般的だったとは思われない。

実際、将来のことについては、占いなどで神意を尋ねるのがふつうであった。クセノポンの伝えによれば、ソクラテスも占いを重視したし、ソクラテスが語った神に関する思慮[7]も、神から受けた恩恵を思い、感謝することであったと見られる。

ところで感謝と称賛や賛美の関係を見てみると、称賛や賛美は公共的な表明であるが、「感謝」はその中身であって、かならずしも表明自体を意味することはない。だからこそ「賛美して感謝を表す」とか、「お礼をして」あるいは「供物をささげて感謝をあらわす」と言うのである。

そうであれば、称賛や賛美のかたちで表明されない感謝もあると考えておかなければならない。

古代・中世の哲学書を読んでいると、多くの場合、感謝と称賛は同義のように扱われているが、それは公的な表明を絶対視する文化が背景にあるからだと見ておきたい。

それゆえ感謝は、まずはそれ自体として考えることができる。感謝はむしろ一般的に、何かに恩義を感じたときにいだく人間の自然な感情である。具体的に表明されるかどうかは別として、何らかの恩返しの衝動である。そしてその恩返しは、物質的なものによる表明か、儀式など賛美による表明か、あるいは直接相手にはわからない仕方でか、いずれかの仕方で行われる。

直接相手にはわからない仕方というのは、ある人から受けた恩恵を別の人に与える恩恵で返報することもあるからである。たとえば親から受けた恩を子に与える。あるいは、遠い外国で受けた恩を近くの別の外国人に返す、といったことである。

恩義を感じるとき、人は感謝の衝動、恩返しの衝動に突き動かされる。そうであるなら、一般世間に知られない恩返しも、感謝から生まれる作用として考察しなければならない。

ところで、一般世間に知られないということは、公共的ではないということである。そして公共的でないものは、本来「社会」道徳ではない。しかしキリスト教が「愛」という個人の徳にも賛美の対象をひろげたとき、社会的か個人的かの違いはなかば乗り越えられ、いまでは道徳にとって社会的であるかどうかはさして問題にされない。

かつては社会が賛美する対象となる「恩返し」のみが話題にされた。公共的な賛美の対象となるものは文明社会に貢献するものであり、文明社会が「つくられたもの」なら、その徳目（賛美の対象）も、文明社会という「つくられたもの」に応じて「半ばつくられたもの」である。そしてこの文明社会の徳目と賛美、あるいは感謝と恩返しの公共的表明は、同じように「半ばつくられたもの」だと言えるだろう。

それに対して、個人が恩義を感じてもつ感謝の思いと、これと結びつく恩返しの衝動は、人間の「自然」に根拠をもっている道徳である。個人が恩義に感謝することは、かならずしも文明を前提にするものではない。それどころか文明社会における感謝の表明も、文明が一からつくりだしたものというよりは、人間の自然な衝動を基盤にしている。むしろその基盤ゆえに、文明社会では感謝の公共的表明が重要視されていると言えるだろう。

恩返しのような道徳的自然に根拠をもつ衝動は、それが破壊されるなら、幸福が破壊され、善美が破壊され、不幸と悪が生ずるものと言えるだろう。すでに触れたが、セネカはその著書において「感謝のない人間は悪人である」(nemo non ingratus est, qui malus) と明確に述べている。

もし恩義に気づいたのに、感謝や恩返しの衝動におそわれない人間がいるとすれば、その人は道徳(人間の善)の根拠となる、人間のうちなる「自然」を破壊された人である。そういう人間は端的に悪人となるほかない。

その理由についてはセネカは論じていないが、おそらく単純に、感謝が持てない人間は満足することができないからと思われる。感謝しつつ不満をもつことは矛盾だから、感謝をもつものは満足していて、不満をいだかない。反対に、感謝がもてないものは不満しかもてない。しかし不満ばかりの人間はどう考えても不幸であり、悪人であるほかない。このことから考えれば、セネカの言は一般的真理であろう。

6――ソクラテスの二種類の知

いまふたたびソクラテスから学ぶことができる。ソクラテスはたしかに古代の人であるが、人間道徳の真理は古びないのだから、現代においても彼から学ぶことができる。

ソクラテスは弁明の場で、自国アテナイの市民に向かって、オリンピア競技の勝利者はあなたがたを「幸福な思い」に誘ってくれるが、それとは対照的に、自分（ソクラテス）はあなたがたを実際に「幸福にしている」と断言した。プラトンが伝える『弁明』のことばは次のようである。

オリンピアの競技で、諸君のだれかが、一頭もしくは二頭、あるいは四頭の馬で勝利を得た場合に……その人は諸君を、ただ幸福だと思われるようにするだけだが、わたしは幸福であるようにしている。(8)

ソクラテスが「幸福だと思われるようにするだけだ」と言う意味は、「思惑」としての幸福は認めるが真実の幸福ではない、という意味である。

古代オリンピア競技は古代ギリシア文明が生みだした競技会で、花形競技は戦車競走であった。それはまさに文明社会の晴れ舞台であって、勝者は祖国からたいへんな称賛をもって迎えられ、称賛する民衆もひとときの幸福な気分に酔える。しかし熱が冷めれば、幸福な気分もどこかに行ってしまうだろう。

またオリンピア競技は文明社会がつくった晴れ舞台であるので、そこでの勝利はあくまでも、徳目がある社会の評価基準（社会にどれだけ役立つか）であるように、ある国家、ある社会にとっての勝利であり誉れである。敵となる国家や社会から見れば、競技に優勝するようなすぐれた人物は、憎むべき力をもつ恐るべき敵にすぎない。自然本性における美点ではない。

それに対しソクラテスは、明らかに自信をもって、自分は実際に人々を「幸福にしている」と主張している。

思いだしてほしい。ソクラテスは、善美なことがらについては同じ弁明の場で「知らない」と公言していた。ところが、それがもたらす幸福は「知っている」とここで言っているのだ。しかも一般の人は本当の幸福を知らずに、ただ幸福であると「思わせられている」だけだと言っている。

それだけではない。ソクラテスは善美なことがらを「知らない」と言いながら、人間にとっての最大の善が何であるか、同じ弁明のなかで断言している。ソクラテスは「こんなことを言ったらまた『からとぼけている』と言われるかもしれないが」と断ったうえで、つぎのように言う。

徳その他のことがらについて、わたしが問答しながら自他の吟味をしているのを諸君は聞いておられるわけだが、これらについて毎日談論するというのが、これが人間にとっては最大の善なのであって、吟味のない生活というものは、人間の生きる生活ではない

と言っても、わたしがこう言うのを、諸君はなおさら信じないであろう。(9)

いったいソクラテスは、善美なことがらを知っているのか、それとも知らないのか。ソクラテス自身も、これを「からとぼけ」ではなく、まじめに受けとってもらうにはずいぶんと説明が必要になるが、その時間は与えられていないと言って、無念さを口にしている。

あなたがたに、なかなか納得してもらえないでいるのです。これはお互いに話し合えた時間が、わずかしかなかったからだ。というのは、わたしの考えでは、もしあなた方の法律が、他の国でも見られるように、死刑の裁判は、ただの一日でするのではなくて、幾日もかけることになっていたなら、あなたがたの納得も得られたことだろう。しかし、いまは、わずかの時間で重大な中傷を解こうとするのだから、容易なことではありません。(10)

それゆえ残念なことだが、ソクラテス自身の説明は伝わっていない。したがって、その説明については、推測をまじえるほかない。

しかし興味深いのは、弁明のなかで「時間がない」と言って無念さを語るまさにその前後に、それを推測するのに役立ちそうなことを彼は言っている。

世の何びとに対しても、わたしは故意に、不正を加え、罪を犯すようなことをしてはいない(11)。

じつは少し前にも、ソクラテスは同義のことばを弁明の場で口にしている。

不正不義は決して行わないということ、このことにはあらゆる注意を払っている(12)。

わたしたちの疑問は、ソクラテスは善美なこと(＝幸福)を知らないのか、それとも本当は知っているのか、という疑問である。しかし注意しなければならないのは、その主語の違いである。

不正不義について述べていることばからすれば、ソクラテスはそれを知っているのだ。そして「徳」としての「正義」は知らない、ということである。「ことばのうえで言えば」、言い換えると、「論理的には」、正義と不正義はただ反対のものである。それゆえ、一方がわかれば他方もわかると考えるのがふつうの人間である。ところがソクラテスは、そうではないと見ている。そう考えなければ、ソクラテスの言動は理解できない。

正義は、当時だれもが徳目にあげていたものである。ソクラテスは、徳そのほかのことがらについて論じ、自他ともにその無知を明らかにしていた。それゆえ、正義については、どこに行って学べばいいかわからないと彼は述べていた。

ところが、クセノポンが伝えているエリスのヒッピアスとの談論(13)によれば、ヒッピアスから正義とは何か説明してみろとすごまれると、ソクラテスは正義については答えず、「自分は不正なことを欲しない」と答えている。そしてそれが正義を「行いで示している」ことだ、という。しかしヒッピアスから「正義が何であるかを言え」としつこくせまられると、法にかなうことが正義であると彼は答えた。

人々が正義に則って作成した法律は、限界はあっても、人々が認めて公的に決めた（必要にせまられてとりあえず決めた）正義であることをソクラテスは知っていたし、法の多くは「行ってはならないこと」（不正）を定めていることもあって、公的な行動において、たいがいの場合、彼は法律に従うことをよしとしたのである。

もちろんソクラテスは法の不完全さを指摘し、人間が現実につくる成文法は正義とは言えないこともあると論じていた。(14)また、ソクラテスは神が定める「不文の法」があることを認めていた。(15)こちらを真実の法であると考えれば、法に従うことが正義であると十全に言うこともできる。

ともあれ、ソクラテスは厳密には正義を知らないと自覚していたから、正義については無知を表明していた。ところが不正については、彼は知っていると自覚している。彼は「不正は欲しない」と言っているのであるから、不正については知っていたと考えるほかない。

では、なぜ不正について、ソクラテスは「知っている」と思っているのか。その理由はおそらく、不正が問題になるのは、行動が問題になるときだけだからである。不正について知識（説明）が問われることはない。不正を「説明する」ことは不正ではないからである。他方で、不正な行動はたしかに不正である。

「不正とはしてはならないことである」

この同語反復に見える定義が、不正についてのもっともたしかな定義である。この定義が明らかにしているのは、不正とは「行動」のうちにしか起こらない、という明白な事実である。逆に言えば、不正についての確かな知識は「説明」（理論）のなかにはない。不正についての確かな知識も人間はもつことができない。真に不正なるものは、説明（理論）の外にある。

他方、正義は、説明が求められる。なぜなら国家は正義の名のもとに秩序をもつからである。しかし不正についてと同様に、正義についての確かな知識も、人間はもつことができないので、ソクラテスは無知を表明したのである。

結局のところ、説明としては、ソクラテスは正義についても不正義についても「無知」なのである。しかし行動においては、不正をなすことを欲しないことにおいて、ソクラテスは正義と不正義を「知っている」のである。それゆえソクラテスは、理論において無知を表明しつつ、生活行動において正義の人であった。

ことばにごまかしがあるように聞こえるかもしれない。しかしソクラテスのことばが、からとぼけに聞こえるのは、「知っている」ということばに、「説明」と「行為」の二種類があることをわきまえないからである。

わたしたちは日常の場面で、「礼儀を知っている」とか「車の運転を知っている」とか「彼を知っている」ということばが、その内容を説明できるという意味で使われていないことをほとんど意識しないが、そのじつよくわきまえている。実際の行動において無礼でない人が礼儀を知っている人だし、実際に車の運転ができる人が運転を知っている人であることを、わたしたちは「知っている」。それと同様にソクラテスは、現実に不正を行わない人であるゆえに、正義の人であった。

しかし、ときには説明を求められることがある。「君は彼を知っているというが、それでは彼はどういう人なのかね？」と聞かれるときなどがそうである。

このときには、訊ねられている内容が「説明できる」という意味であることを、わたしたちはわきまえている。だから、苦労してその「彼」の人となりをことばにしてみるが、じつのところ、それを聞いている人も、人となりについての「説明」には限界があることを知っていて、話半分で聞いているものである。

さて、道徳についての説明が求められると、ソクラテスは「知らない」という立場を堅持する。おそらくは知の吟味を通じて、ソクラテスには美徳は「説明しきれない」ことが明らかだったからである。

ソクラテス自身、説明と行為の区別をもっていた。ヒッピアスとの正義についての問答のなかで、

「君はすべての人に質問をかけてぎりぎり調べあげるが、自分のほうから解明もしなければ、なんの意見も述べようとしない」

と言われて、

「解明ではないとしても、行いでもって示している」

と答えている。(16)

しかし哲学の対話はことばを交わすのだから、その場で求められているのは説明であって、行動ではない。それゆえ、行動においては正義をつらぬく自信をもつソクラテスも、哲学の対話においてはつねに「無知」を公言するのである。

プラトンもアリストテレスも理論の人で、もっぱら「説明」に従事していたためか、ソクラテスにあるこの区別に気づかなかったようである。実際、もっぱら「説明」に従事する人間は、もっぱら「行動」に従事する人間を見くだしている。

古代における政治演説も、裁判の論告や弁明も、もっぱら弁論であり、「説明」に終始していた。当時の自由市民は弁論術をもっとも必要としていたのである。一方、当時もっぱら行動に従事するものは、たいてい奴隷か奴隷扱いであった。もっぱら説明に従事する人間か

ら見れば、もっぱら行動に従事している人間は、「無知な人間」にしか見えなかっただろう。しかし行動については、もっぱら行動に従事している人間のほうが、「より多く知っている」のである。

また一般に、説明に従事する人間は、支配する側の者である。そういう者は「説明知」を誇り、行動についての無知を恥じないことによって、かえって不正行為に陥りやすい。なぜなら、不正は行動にあるのであって、説明における不正は多くの場合、たんにことばの上での「誤り」にすぎないからである。

たしかに間違った説明を故意にする（嘘をつく）者は、説明するという行動において不正を行っている。つまり相手をだましている。しかし、故意でない間違った説明自体は、不正ではなく、正されるべき誤りにすぎず、罰すべき不正行為ではない。その人に対しては、正しいことを「教える」という行為が求められる。

それゆえソクラテスが対話を持ちかけ、「説明における無知」の自覚を支配者側の自由市民たちに求めた理由は、真の正義のためには当然の理であった。真の正義は行動における正義であって、説明における正義ではないからである。

7——幸福に気づくこと

ソクラテスの無知の自覚がわかりにくいのは、「説明における無知」と「行動における知」

が、コインの裏表のようにつながっているからである。彼は善美なことを知らないと言いながら、最大の善や幸福を知っていると断言する。その意味は、二種類の知の存在をとおしてはじめて判明する。幸福とは、実際の行動における、あるいは実際の生活における善であって、説明における善ではない。

幸福が説明できたとしても幸福になれるわけではない。説明とは結局、絵に描いた餅にすぎない。正義を説明できることと、本当に正義の人であることとは別のことがらである。正義の説明は正義の人の絵でしかない。逆に、不幸を説明しても人は不幸にならないし、不正を説明しても人は不正を犯すものにはならない。

したがって、幸福になるとは、幸福を説明できるようになることではなく、生活行動において善き人になることである。説明知としては無知であっても、いや、その無知を自覚すればこそ、幸福についても正義についても、コインの裏表のように、行動における知がともなう。そうソクラテスは言うのである。であればこそ、自他の吟味をすることが最大の善であり幸福につながる、と彼は言うのである。

実際、幸福について無知を自覚するものは、幸福を目標として追求しない。目標は絵として描かれるもの（説明されるもの）だからである。人が幸福を目標とするとき、幸福は眼前の絵だから、その人から一定の距離を保ったまま、いつまでも獲得できない目標として人を駆り立てるだけとなる。しかし、幸福とは何であるか知らないことを自覚すれば、幸福を絵のなかに見るという誤りから人は解放される。そしてそのとき人は自分の現実の幸福に気づく。思いこみを捨てて、幸福の何たるか（絵＝説明）を知らないと自覚するものは、じつはおのれが現に今日こうあることの理由が、自分以外のものにあることに気づくことができる。それが他者のおかげであることに気づくとき、人は恩義を覚え、感謝する。そして感謝には不満がない。不満がなく、他者に対する感謝に満ちたものは、じつはすでに幸福なのである。

このことをソクラテスは知っていた。なぜそれらがコインの裏表のようであるかは、残念ながら説明しがたい。つまり説明知にはならない。そのせいかどうか、ソクラテスが説明したようすも伝わっていない。

おそらくそれは、行動知においてのみ知られる事実だからである。行動知はそもそも、説明として展開できない知である。それは知とはいえ、むしろ経験において起きる「気づき」である。そう言うほかない。

おそらくソクラテスも、最大の善について知っていたと言うより、経験的に「気づいていた」だけなのであろう。幸福についても知っていたのではなく、ただ経験的に「気づいていた」ということだ。

科学においても、抽象的な推論よりも事実の直接的観察による確認のほうが確かな知だと考えられている。それと同じように、「気づく」ことは説明理論ではなく、日常における認知でしかないが、しかしむしろそうであるがゆえに、幸福はくりかえし直接的経験的に気づかれる確かな知なのである。ちょうど科学の真理が実験や観察でくりかえし確かめられるように、ソクラテスにとって幸福は、日々くりかえされる経験を通じて「確かなもの」だったに違いない。

その意味で、「徳その他のことがらについて、毎日、自他の吟味をすることが最大の善であり、幸福である」ことを、ソクラテスは日々確かめていたのである。

人は自分が気づいたものを直接自明なものとして受けとる。それは経験している当人にとってはまことに確実なものである。だから幸福は、ソクラテスには自明であった。だが、だれにとっても共通に自明というものではない。気づいたソクラテスには自明でも、気づかないプラトンには自明ではないということが当然起こる。だれにとっても経験的に自明なことを根拠にできるときのみ科学が成立するのだとすれば、幸福についての知は、けして科学にはならない。

第三者に自分の幸福を感じてもらうことはできない。幸福は自分の心が幸福であることであって、他人の心の幸福は、自分の心の幸福とは別ものである。同じ状況にいても、ある人は幸福であり、別の人は不幸である。

幸福がわかりあえないと同じく、不幸もわかりあえない。ただし、「幸福に見える」か「不幸に見えるか」はわかりあえる。なぜなら「見える」ものは、多くの人に共有可能、すなわち他者にもそのように見えるからである。

ソクラテスが弁明で言っていたように、一般の人々はしばしば、「幸福に見える」だけのことを「幸福だ」と勘違いしている。それゆえ、ぜいたくな暮らしや欲望の満足や快楽を幸福と思い違いする。不幸についても同様に、たとえばソクラテスの生活が不幸に見えるから、ソクラテスは愚かで不幸なのだと市井の人は判断する。そして実際、かなり多くの人がそのように判断していたらしい。

ソクラテスはソフィストのひとりアンティポンから、つぎのように言われている。

ソクラテスよ、わたしは哲学者（愛智者）というものは、元来幸福にならなくてはならないと思っている。ところが君を見ると、まさに哲学（愛智）のために逆の結果を得ているようだ。何はともあれ君は奴隷ですらこんな扱いをされたら逃げ出すような暮らしをしている。食べているものも飲んでいるものも、この上なくお粗末であり、着ているものは単にお粗末なばかりか、夏も冬も同じものを着通し、履物もなく下着もなしで過ごしている。それからまた、金を取るのはそれ自体喜びであり、取ればまた生活をいっそう自由な楽しいものにするが、君は金も取らぬ。(17)

ソクラテスはこれに対してこまごまと反論している。金をとったら仕事をしなければならないが、とらなければ自由であるとか、粗食でもうまいと思えるなら珍味は不要だとか、体を鍛錬していれば、いつでも役に立つ、等々、である。

ソクラテスの言っていることはもっともなことばかりであるが、これを聞いたアンティポンが納得して、ソクラテスの暮らしをまねたようすはない。

しかし先に述べた理屈が正しければ、幸福と不幸は本来的に孤独のなかにある。人が孤独に耐えられず、他者と幸福を確かめ合いたくなるのは、自分の気づきに自信がもてないからである。本来、他者との幸福の共有は、自分が幸福であるためには不要である。幸福な人はかならず他者にとって善い人だからである。そのことに自信をもっていい。

自分が幸福だからと言って、他者に自分の幸福をわけなければならないと考える必要はない。幸福を共有する必要がないのは、他者に対しては、幸福はかならずその人の行為の「善さ」として示されるからである。もちろん他者が彼の善さに気づかなければ、善さは共有されない。言い換えると、幸福な人は幸福な人とだけ実生活のなかで善さを共有することができる。幸福な人は幸福な人とだけ善さをわかりあえるのである。

善さを共有した他者は、当然、幸福である。それゆえ結果的に、善さの共有によって、両者はそれぞれが孤独のうちに幸福を味わうことができる。しかし不幸な人には、幸福な人の善さはわからない。したがって不幸な人は幸福になるための道を善いものだとは思わない。幸福と不幸のあいだには「わかる」ことについて断絶がある。

本来の論理にしたがえば、幸福であるとは、「よく生きる」状態である。よく生きるものは、他者に対して真実に善き人である。そして善き人は美徳をそなえている。

ところで、幸福を「目標とする」ことは間違いであると先に述べた。幸福を目標にすると、幸福は遠く離れたものになるからである。それと同じように、美徳を獲得目標として努力するのも同様に誤りである。

プラトンなどは、美徳を獲得目標とするために、その何であるかを追求した。しかしソクラテスが問答で美徳の何であるかを追求したのは、それについての自分の無知（説明できないこと）に気づくためであった。無知という説明しがたさに気づくことによって、人はむしろ実際の行動ないし日常における、絵ではない本物の美徳に気づき、実践できるのである。

プラトンの誤りは明らかであって、幸福がそうであるように、美徳が「目標」とされるなら、いつまでたっても獲得しがたいものとなる。いつまでも獲得しがたければ、いつまでも人は「よく生きる」ことができない。

プラトンは美徳を説明すべき目標としたが、すでに述べたように、美徳は「行為の善美」であって「善美の説明」ではない。どれほど美徳について優雅な説明を試みようとも、行動の善美については、本当の説明にはならない。そして何であれ、人生の目標は、それを「目標」としているかぎり、現在はつねに過程にとどまり、永遠に達成されることはない。

誤解のないように説明を加えておかなければならない。

個々人が人生において持つ仕事は、それぞれに達成目標があるだろうし、その目標は達成されて終わるものである。しかし人生の全体は、仕事によって完成されるものではない。仕事はあくまでも人生の一部にすぎない。人生と仕事を同一視する人は、仕事にも人生にも満足できずに終わるに違いない。人生と仕事が同一ならば、人生が終わるまで仕事も終わらない理屈になるし、その人にとって仕事の現状は人生の終わりまでつねに目標に向かって進んでいく過程であるから、目標にたどりつけない状態のまま人生を終えざるをえないからである。

「いくつになっても完成できない」ままに仕事している姿を「かっこいい」と見る人生観があるが、その姿は「かっこいい」、すなわち「幸福に見える」としても、真に幸福であるとは言いがたい。永遠に未達成でしかないからである。

本来、幸福とは完全に満たされたものである。ソクラテスが用いた「幸福」ということばは、ギリシア語で「エウ・ダイモニオン」であり、「よき・神霊につつまれている」というほどの意味である。したがって、老年になっても終わることのない過程にある人は、仕事人としてはかっこよくても幸福であるわけではないし、美徳ある人生も送っていない。

さらに言えば、先の人生観は危険な思想に転化する可能性がある。人生の目標としてなにか絶対的なものを掲げて信じるとき、その目標を追求する自己を「絶対化」する傾向が人間心理にはあるからである。

たとえば神や真理といったものを追求目標とすると、それを注視しなければならない。そのとき人は注視しているものと自分をつい重ねてしまう。自分が人生をかけて追求しているものは偉大なものである、と信じれば、その偉大なものの追求に人生をかけている自分は、やはりほかの人とは別格であり、偉大なのだと思いこみやすい。こうしてきわめて傲慢な人間ができあがる。

もちろん神を絶対化するとき、自己をその絶対者に対比して「小さきもの」と見ることができれば、傲慢にならずにすむ。むしろ謙虚で、そのほかの点でも美徳をもった人間になりうる。

中世ヨーロッパに出現した聖者フランチェスコは、そのように自分を「小さきもの」と考えたから聖者になった。彼は自分がはじめた修道会を「小さき兄弟団」と名づけた。しかしこのように考えることができた人間がきわめて少ないことは、フランチェスコのような人物がヨーロッパにおいてもめずらしく、ほかに似た人物が出現しなかったことからも明らかである。

さて、美徳と幸福の関係を、あらためて見ておきたいと思う。

簡略に言って、真の美徳は、幸福であるものが自然に（本性的に）そなえるものである。なぜなら幸福であるものは死を恐れる必要もなく、ぜいたくを求める理由もないからである。生き残るために他を押しのけてまで不正に手を出す理由がない。

他者を殺してでも自分が生き残ろうとするのは、生の本能ゆえではなく、たんにその人がいまだに不幸だからだろう。幸福を知るまで生きていなければならない、と思うからである。

幸福を知るものは、いついかなるときも十分に生きている。満たされている。それが「よく生きる」ことである。幸福な人間が生きるうえで惜しむものはいっさいない。何を失っても、たとえ失うものが自分の命であっても、幸福であるのが真の幸福である。このような人間が、勇気・節制・正義などの美徳をもっているのは自明であろう。

それでも疑問があるとすれば、幸福に気づきつつ幸福な人間がそれを失う危険はないのか、ということである。幸福への気づきを失い、あるいは他者の恩に気づくことがなくなって、幸福を見失うことはないのだろうか。

ぜいたくを勧められたり快楽を提供されたりと、多くの誘惑が文明社会には満ちあふれている。いや、文明社会は欲望を掻き立てて需要を喚起することで経済を成長させているのだから、人を快楽に誘うことは文明社会ではむしろ正義であり、美徳であるのかもしれない。かつて日本でも「消費は美徳だ」とのたまわった首相がいた。

先に紹介したアンティポンの幸福観――よい服を着て、おいしいものを食べて、たっぷりお金をもらう生活が幸福である――のほうが、当時でもおそらく常識であっただろう。ソクラテスの幸福な生活は、反対に「幸福に見えない」ものだった。そのため、幸福になるためにソクラテスの生活をまねようとした者は、ほとんどいなかった（まねた若い人間がいなかったわけではない）。

8――敵を愛する

これまで見てきたように、『弁明』その他のソクラテスの言を信用し、その本来の論理を突きつめれば、幸福とは行動の地平にある「気づき」の問題であると結論するほかない。たとえば何かに恩義を感じることは、「気づき」のひとつである。だとすれば、感謝と恩返しの衝動において幸福に気づくことも、「幸福を知ること」にほかならないとわかる。セネカの意見によれば、それに気づくものが善人であり、気づかない人間は悪人なのである。

専門の研究者たちは理論（説明）にこだわり、複雑な、あるいは極端な仮定を置いて、かえって善さや幸福を無知の靄のなかに置いてしまうが、事実は意外に単純で明確、そして思いのほか何気ないのである。

とはいえ、幸福は人々に共通なものではなく、個々人それぞれの孤独なものであるがゆえに、ことばで他者と共有して確認することができない。それだけに、自分のなかの幸福に気づいても、自分だけの自明性に不安をおぼえれば、それが本物かどうか他者にたずねて確認したくなる。

しかし、くりかえすが、幸福は他者に確認してもらうことができないものである。自分だけのものでしかない。他者とともに吟味することができない。したがって自分が幸福だと思いこんでいるだけなのか、真に幸福なのか、確認方法がわからなければ、もし真の幸福に気づいたとしても、疑問は消えない。

幸福は説明されるものではなく、何気ないものでしかない。しかし幸福が生みだすその善さによって他人を幸福にすることができれば、それ以上のものである必要もない。

それゆえに、人の善悪は知識によるのではなく、気づきによるだけである。人は幸福に気づくことで幸福な人になり、幸福な人は良い暮らしをするから良き行為に満ちている。したがってその人は他者にとって善き人となる。反対に、幸福に気づかないことによって人は不幸になり、不幸な人は他者にとって悪しき人となる。それは、その人のもつ知性のよしあしの問題ではない。知的にすぐれていようといまいと、あるいは生まれや身分にかかわらず、幸福になれるかどうか、善人になるか悪人になるかは、万人にとってまったく平等なのである。

ヨーロッパにおいてプラトンから引き継がれた哲学は、全体として説明知であり理論であった。キリスト教神学も同じ伝統を継いでいる。近代以降の哲学も同じである。それゆえ、美徳も幸福も説明できるつもりで信仰を語り、善悪を説明しようとする。

しかしソクラテスがその無理を示していたとおり、説明に成功した例はない。

それでは、説明できない理由について十分に理解できるのかと言われれば、せいぜいこれまで述べてきたことくらいでしかない。

とにかくソクラテスには、説明では収まりきらないものがあった。すなわち「行いにおける知」である。したがってイエスにあるのもおそらく説明知ではなく、行いにおける知なのである。

イエスもソクラテスも、行いにおける知を語っているのであって、説明しているのではない。にもかかわらず人々は「説明」を求め、理論を構築する。そこには無理解があるだけだ。イエスが救いの道として示そうとしたことも、ソクラテスの哲学がもつ行為についての認識によってのみ理解できる。

たとえば、イエスは「汝の敵を愛せ」と教える（マタイ5章44－48）。その理由について聖書は、天の父なる神は悪人にも善人にも太陽を昇らせているから、それにならえと言う。

しかし、イエスが「汝の敵を愛せ」と言っている愛が、無償の愛、報いを期待しない愛であるなら──事実そうであるに違いない──その愛が感謝の愛であることは間違いないと思われる。感謝には報いの期待がないからである。感謝は報いを期待しない愛である。しかも感謝は無関心からは生まれない。そうであればイエスのことばはつぎのように言い換えることができる。

「汝の敵の恩を知れ」

恩を知るものは感謝の思いをもち、恩返しの衝動に突き動かされるほかはない。太陽の光に神の恩を知るものは、神に感謝して手を合わせるしかないように、たとえ相手が敵であったとしても、「おかげで」と言うことを知るなら、その敵に感謝するほかない。それが意味するのは「汝の敵に感謝せよ」である。

突拍子もない話と思われるかもしれない。だが、敵を愛することには無理があると言えても、たとえ敵に対してであろうと、その恩を知ることについては納得が得られる可能性がある。ソクラテスが自分の息子とつぎのような会話を交わしたことをクセノポンが伝えているからである。

ソクラテスが息子に言う。

「味方の者を奴隷にして売り買いするのは不正と思われるが、敵を奴隷として売り買いするのは正当とされている。では、いったい忘恩は、味方に対しては不正で、敵に対しては正当なのかどうか、おまえはいままでに考えて見たことがあるか」

すると息子は答えている。

「ええ、考えて見ました。そして私には、どんな人からよいことをしてもらっても、それが友だちであろうと敵であろうと、感謝を表さないというのは、正しくないと思われます」

これに対してソクラテスが言う。

「もしそうだとしたら、忘恩は明瞭このうえない不正ではないか」(18)

この会話から見ると、古代ギリシアでは、敵を奴隷にして売り買いするのは正当なこととされていたが、恩を知るべきところを恩知らずになることは、相手が敵であってもあってはならないことだ、と考えられていたらしい。というのも、ソクラテスの息子はとくに賢人と見られていなかったし、よくある親子のように、口うるさい母親を罵ってさえいたようだか

らである。(19)

イエスは少し時代がのちの人ではあるが、同じく古代の人間であり、同じような道徳観をもっていたと想像できる。だとすればイエスも、「敵の恩を知れ」の意味で「敵を愛せ」と言っていたと解する可能性は十分にあるだろう。

だとすれば、当時の人間にとっては、イエスの「敵を愛せ」という教えは、それほど「無理難題」の教えではなかったのかもしれない。敵の恩を知って敵に感謝を表明する人間は、敵に対しても不満をもたない人間であり、むやみに争おうとはしない人間であり、幸福であることは論を俟たない。

もし以上に説明したことを吟味し、幸福を見る目を養うことができるなら、あとは経験を積み重ねればよい。それゆえ、ヨーロッパの哲学はそれほど恐るべきものではない。説明における知だけでなく、行いにおける知も含めて考量することができれば、それ以上に考えるべき領野は人間知性にはないからである。

さらに言えることがあるかもしれない。なぜこの世から悪がなくならないのかということである。

それは人が幸福に気づくことができないからではないか。幸福に気づくことなく、すなわち幸福を知らずに、不法な行為や不正や悪を懲らしめ、悪をこの世からなくそうと、正義の剣をふるえばふるうほど、かえって悪は量産される。なぜなら幸福に気づかない人間は、たとえ他者からは善い人・幸福な人に見え、自分自身ですら幸福な人間だと思っていたとしても、実際にはそうではないからである。

悪いことをするのは悪人であり、悪人とは不幸な人間であり、不幸な人間とは、真の幸福に気づかない人間である。そんな人間が悪人を懲らしめても、現実には悪人同士の争いにすぎない。そもそも悪に気づかない人間を懲らしめて、悪に気づく人間にすることはむずかしい。ましてや悪人が悪人をよい人間にはできそうにない。

では、ことばの論理でだれかを幸福に気づかせることはできるのか、と言えば、それもむずかしい。ソクラテスはそれを使命として努力したのであるが、裁判にかけられ死刑となった。人間にできることはせいぜい、幸福に「気づくこと」の重要さを、できるだけ人生の早いうちに確認することしかないだろう。なぜなら幸福な人間がおのれの幸福を確認できるなら、その状態から好んで不幸になることはないだろうからである。

幸福は何気ないものでしかないゆえに気づくことがむずかしい。しかし幸福に気づくことが、しらずしらず不幸を求めないためにもっとも大事で、もっとも身近で、確かな道である。世間には、わたしたちが幸福に気づくことを阻むものがはびこっている。人生の幸福は他人が羨むものであると考える思想である。豪奢な生活、壮大な邸宅、華美な服装、美食や美酒——世間はそういった派手に見えることがらを舞台に載せ、吹聴し、舞台の下にいる多数の人々に見せつけて、ふつうの生活をつまらないものだと思いこませ、もしかしたら自分たちも舞台上にあがれるかもしれないと夢を見させ、何気ないもののなかに幸福を見いだす力を奪っている。舞台の下で競争をくりひろげさせ、競争に負けて他人を羨む人間を増やし、少数の勝者だけを「幸福な人間」として多数の人々の胸に刻ませる。それが文明という名の老練な悪魔が推進する悪である。

9——仏教の証言

幸福をもたらす真理は何気ないものだという証言は、日本における仏陀の悟りを示すことばの解釈としても、示すことができる。

空海は九世紀に密教を中国からもちかえり真言宗をひらいた人物として有名である。かれは『三教指帰《さんごうしいき》』という作品を残しており、その序には、ある仏教僧からひとつの修行法を指南され、それにしたがって山林修行し、その後、四国室戸岬近くの洞窟にこもったことが書かれている。どうやらそこで悟りを得たと思われる。そこに彼の悟りの境地を示すことばが著されている。

谷響《たにひびき》を惜しまず、明星来影《みょうじょうらいえい》す。(20)

洞窟の谷間は海の怒涛を響かせてやまず、夜空に明星が見えた、という。

多くの識者は、空海のこの言葉は、俗人にははかりがたい深い意味をもつに違いないと、むだな言葉を飾る。しかし仏陀の悟りは、悟りの前には気づかなかったことに気づくだけのことである。

悟る前であれば、海のそばで怒涛を聞いていると、いつしか「もうたくさんだ、うるさい」と思えてくる。自我がまさって潮騒がうるさくなる。潮騒に耳を閉ざして精神を集中させようとする。海が惜しむことなく潮騒を響かせているなかから自然の真理を看取する心の余地を失い、耳をふさいでしまうのである。

空海は、あるとき悟ったのである。そして惜しまず響いてくる潮騒をそのままに受けとることができた。同時に、夜空に見えた明星が心の底まで届くのがわかったのだろう。

あるいは「明星来影」は、あとで紹介する曹洞宗の開祖・道元が、「多くの仏祖が明星を見て悟った」と言っているところからすれば、たんに「悟った」という意味で使っているのかもしれない。つまり「潮騒の声を聴いて悟った」というのが、上記の句の単純な意味かもしれない。

いずれにしろ、空海は執着する自我が霧消して、明星のもつ光（影）がそのままに見えた、すなわち、本当の心（仏陀の精神）が何かを知ったのである。

潮騒の音を聞くことも明星を見ることも、何らめずらしいことではない。だれでも容易に得られる経験である。しかしその音を聞いて、あるいはその影を見て、自我を捨てることは、厳しい修行の結果はじめて空海のものとなった。

空海のその後の成功譚が悟りの経験がもたらした知恵から来るものだとすれば、その成功は不思議なことではない。たとえばその後中国に行って、ほとんど時を経ずして当時随一の密教の権威者・恵果から能力を認められ、長年そば近くで修行していた中国の弟子たちを尻目に、密教のすべてを伝授されたことは、空海がすでに悟りの経験をもっていたからこそであるだろう。

空海とほぼ同じ意味のことばを、後世の道元は、その著『正法眼蔵《しょうぼうげんぞう》』で紹介している。禅を学び仏教に造詣の深い宋の時代の詩人・蘇軾《そしょく》の詩である。

谿声《けいせい》便《すなわ》ち是れ広長舌《こうちょうぜつ》
山色《さんしょく》清浄身《しょうじょうしん》に非《あら》ざること無し
夜来八万四千偈《やらいはちまんよんせんげ》
他日如何《たじついかん》が人に挙似《こじ》せん(21)

谷の響きはまことに遠くまで、いつまでも聞こえ、山が清浄なものでないことは一瞬たりともない。これらは昨夜からわが身に聞かされる無数の聖句である。しかし、これを別して他人に語ることはできるだろうか、という意味である。

蘇軾はただ自然の音を聞いている。しかし彼はそれを、仏教の教えを述べてやまない声であると言う。なぜなら自然の営みには「我」が無いからである。我の無い営みであるから、特別なものではない。特別なものでないことが、まさに仏陀の悟りなのである。そうであるからこそ、他人に説明しようとしても語ることばがないのである。

いずれも悟りが何気ないものであることを述べている。そうであればこそ、人に伝えることのむずかしさを述べている。つまり悟りの幸福こそが真実の幸福であるが、幸福は本来孤独なもの、他者に直接伝えることばがないものであるから、語って相手にわかってもらえるものではない。

幸福は、貧しさともひもじさとも無関係に、人間に平等に与えられている。それはかすかではあっても、自分だけに直接に明らかな、一番身近な生きる喜びである。その幸福に気づく力は、やがて他者の幸福に気づき、それを守る力にもなる。

しかし幸福そのものは、直接に他者と共有できるものではない。幸福はもっともプライベートなものであり、他人の言に左右されるものではない。そして信仰は、本来、そのプライベートな幸福を守るものでなければならない。信仰の集団が、他者の幸福を否定したり、自分の幸福を強弁するのは、本来の信仰に反するのである。

キリスト教神学によれば、信仰は人の目に見えない神からの恩寵である。人間の意志ではない。また、他人が確かめることができるものでもない。恩寵は人間ひとりひとり別々に神から与えられるものであると言われる。[22] だから恩寵のあるなしは、幸福がそうであるように、ただ本人が気づくかどうかの問題である。

したがって、正統キリスト教神学の見方によっても、神の恩寵に気づく人には信仰（神の愛を受けている）がある。気づかない人には信仰はない。その気づきが本物かどうかは、恩寵を与える神にのみ可能な判断であろう。しかも恩寵に気づくのは本人だけだから、他人にはわからない。「あなたに信仰があるかどうか」を判断できると主張をする人がいるとしたら、本人が神から恩寵を受けとっていないから、つまり本当の恩寵に気づいていないから、そんなことが言えるのである。したがって、そういう人の言に自分の信仰を左右されてはならない。

ソクラテスの無知の自覚、すなわち無知に気づく力は、おそらくこれと同様に、幸福に気づく力なのだ。イエスの言う「おのれの罪に気づくこと」も、同じ力であるに違いない。イエスはおのれの罪に気づくことで罪をゆるす神の愛（確実な幸福）に出会ったに違いないからである。

哲学とこの気づく力の関係は複雑すぎて、正直なところ、その説明はわたしの手に余る。しかし哲学は、そのぎりぎりの際までは迫ることができる。このぎりぎりの際で向こう側にある気づく力を見つづけていくほかに、哲学がわたしたちの未来を殺し合いから解放することはできないのではないかと思われる。

註

第1章　三種類の哲学

(1)ギリシア人が小アジアの海岸地域に植民した商業都市。ミレトス、サモス、エペソスなど。文化は民族単位で考えられることもあるが、ヨーロッパでは町(都市)単位で考えられることが多い。それゆえ欧米から日本にやってくる人たちも「日本」ではなく、「東京」や「京都」あるいは「大阪」をめざす。

(2)ピロソピアを「希哲学」と訳したのは西周《にしあまね》(一八二九―一八九七)という学者である。のちに「希」が脱落して「哲学」で通っている。中国でも「哲学」の訳語で通じる。しかも中国では、いまでは中国の思想すべてを「哲学」と訳してヨーロッパ哲学との同一性を教えている。じっさい「希求」の意味が「哲学」からはなくなっているのだから、思想の全体を共通に「哲学」と呼ぶことは間違いではないだろう。

(3)プラトン『ソクラテスの弁明』二一B。田中美知太郎訳では「全くやっとのことで」となっているが、わたしが見た英訳では、「気が進まない」(reluctant)であった。

(4)プラトン『ソクラテスの弁明』三八C。

(5)クセノポン『ソクラテスの思い出』第四巻(四)から再構成した。

(6)クセノポン『ソクラテスの思い出』第四巻(二)から再構成した。

(7)プラトン『プロタゴラス』三二九A。

(8)プラトン『プロタゴラス』三二九B。

(9)プラトン『プロタゴラス』三三一C–D。
(10)プラトン『プロタゴラス』三三三C。
(11)プラトン『プロタゴラス』三四八A。
(12)プラトン『ソクラテスの弁明』三六C、三八A。
(13)プラトン『国家』第六巻。
(14)アリストテレスは『形而上学』第一巻第四章で、パルメニデスのことばとして「すべての神々のうち最も初めに愛(エロス)がつくられた」と述べている。
(15)プラトン『パイドロス』二五五E。
(16)プラトン『饗宴』(六)でも、パイドロスがエロス賛美の演説をいの一番に行う。
(17)プラトン『パイドロス』二六五D以下。
(18)アリストテレスはほかに「存在の四義」を分類枚挙している。⑴付帯的存在、⑵真としての存在、⑶述語形態としての存在、⑷可能的存在と現実的存在、である。⑴は偶然的ないし偶性的存在、すなわち、たまたまそれが基体ないし実体をベースにして起こるもの、である。⑵は、この⑴に対して必然的普遍的存在、つまり実体自身の形相と見られる。⑶は範疇のこと。⑷は、隠れている可能性が時間の経過のうちに現れてくる、という存在の側面(可能態と現実態)。アリストテレス『形而上学』第六巻参照。
(19)アリストテレス全集の最初に並べられている『カテゴリー論』は、真作であることが疑われ、弟子の作品であろうと考えられている。実際、内容から見てアリストテレスの範疇を整理して学生に説明するための教科書として書かれている。アリストテレスの真作に見られる考察の緊張感が感じられない。そこで数えられている範疇は、実体、量、性質、関係、場所、時、体位、所持、能動、受動の一〇個である。しかしこのなかで「関係範疇」と言われている「二倍」とか「大小」とかは、本来のアリストテレスでは量の範疇内のことがらであって、別個の独立した範疇に数えられるものではない。なおかつ、『カテゴリー論』

における範疇の考察は、「存在一般」の観点からなされているというより、文法的・論理的観点からなされている。これらはアリストテレスの真意からはずれたことであろう。それゆえ、本来の範疇論となっているのは、『形而上学』第四巻における、存在の類比として論じられている範疇論であると考えられる。それゆえここでは、後者の箇所に見られる範疇論を説明する。

(20)前註で述べたように、一〇個というのは、『カテゴリー論』で述べられたものである。アリストテレス自身の決定ではない。しかし一般的には、一〇個の数が言われているので、ここでは小著の仮説として一〇個を数える。

(21)「アナロギア」(類比・比例)は、その語末にロゴス(論)がついたことばであるから、もともと学術用語だと言える。おそらくピュタゴラス学派の幾何学の用語からプラトンがとり入れたものだろう。ピュタゴラスと言えば、和音がもつ音の「比」を見いだしたことで有名である。或る弦の長さを「一」、その音が〈ド〉の音だとすれば、それを三等分して「三分の二」の長さの弦は〈ミ〉の音を出し、「三分の一」の長さの弦は〈ソ〉の音を出す。音楽の時間に〈ド・ミ・ソ〉は完全調和音と習う。そして三分の一とか、三分の二は、三対一、三対二の比である。そしてこの「比例性」にピュタゴラスは宇宙の真理を見いだしたと考えることができる。周知のように、近代科学が探究する自然法則は、すべて比である。たとえば万有引力の法則も、質量と距離と重力の比例関係を表している。したがって、ピュタゴラスが宇宙の真理がもつと見なした「比例性の真理」は、現代科学でもやはり真理であると考えられているのだ。
　プラトンは、この「比」の考え方を哲学にとり入れて、たとえば、天上界に真実在の三角形があるとき、これと比例するさまざまな大きさの三角形が、具体的に(質料的に)地上世界のわたしたちの周囲にあるという考えをもった。このように見るイメージを示すのが、「アナロギア」(類比)ということばである。それは、天上界のイデアが、地上のものに分有されてあることを、別の仕方で述べることばであった。すなわち、天上界のイデア存在が「一」であるなら、地上界でそれを分有する存在はその「一」に対する比の関係において「多」である。

アリストテレスは、このアナロギアという言葉を、プラトンとは異なり、「主語」(実体)と「述語」(偶性)のあいだにある関係を表すものとして範疇論で使用した。すなわち、「ひとつ」の実体存在に対してその偶性は類比的に関係して「多」なる存在(一〇個の範疇のうち実体はひとつであり、残り九つがそれと関係する偶性)である。その後アリストテレスの哲学がヨーロッパに伝わった一三世紀の中世において、とくにトマス・アクィナス(一二二五−一二七四)は神の存在と被造物の存在のあいだの「区別と関係」を述べるために「類比」を説明に使ったが、イスラム世界のアヴィセンナ(九八〇−一〇三七)に由来する「存在と本質」の区別が加わっていたので、彼の類比の説明は複雑な論を生じた。

(22)プラトン『パイドロス』二四五C以下。

(23)クセノポン『ソクラテスの思い出』第二巻の一。

(24)現代でも、住所がなく通信手段ももたない人間を国家が管理支配すること(直接税の徴収など)は困難である。そのため、最低限の犯罪抑止や犯人の検挙のためには、監視カメラが必要になる。

(25)言い換えれば、彼らの自由は、帝国に政治的権利を奪われて政治・統治の義務をもたなくなった人間の自由である。日本も敗戦によって軍事的自由を失い、それに伴う政治的自由も失ったことで、自国の統治のための時間をもたずにすむことによって経済的自由を謳歌してきたと見ることもできる。

(26)クセノポン『ソクラテスの思い出』第一巻(一)。ソクラテスは言う「いったんこれらがいかなる必然によって生じたのかを知ったときには、これによって望みのままに、風や水や季節やその他なんであれ、必要を感ずるものを生じさせるつもりなのか。それともかようなことを望むのではなく、ただこれらの各々の事象の原因を知りさえすれば足りるのであろうか」など。また、第四巻の七参照。ソクラテスは、自然研究が、神の知の追及という、神が手もとに置いてある知を人間が求めるものであり、狂気の沙汰であると考えたようである。とはいえソクラテスが自然学音痴であったということではない。というのも太陽は火と同じだと論じた自然哲学者アナクサゴラスに対して、火は凝視できるのに、太陽は凝視できない、太陽によって肌は黒くなるのに、火にあぶられても肌は同じようにはならない、草は太陽によって熱せられて大地から育つのに、火をもって熱せられれば草木はみな枯れてしまうと、ソクラテスは見事に彼の説の矛盾を指摘している（第四巻の七）。

(27)「節制の美徳」は、その本来の意味では実生活において節制的であることが人間生活の喜び（快）となることを意味する。他方、心がともなわず（エピクロスが言うようには考えず）、その生活の外見のみを見て、節制をただの「自己規制＝禁欲」と勘違いするなら、節制は美徳ではなく、まさにただの「がまん」でしかない。このとき「快楽主義」は不節制な生活を支持するみだらな思想と受けとられる。

(28)ここでは一般にはとりあげられないエピクロスの影響をあえて述べたが、セネカが「心の平静」というストア哲学特有の主張をしていたことは事実である。とはいえストア哲学も、その始祖ゼノンがソクラテスからも影響を強く受けていたことからもうかがえるように、自然学と倫理学を哲学の二本柱として区別した。つまりエピクロスもストア哲学派も、自然学と倫理学（道徳学）を区別するさまは、ソクラテスとデモクリトスないしほかのイオニア学派の影響を受けて、ほぼ同じである。

(29)キケロ『トゥスクルム荘対談集』。読書案内を参照。

(30)八木雄二『聖母の博士と神の秩序――ヨハネス・ドゥンス・スコトゥスの神学』。読書案内参照。

(31)註(2)を参照。

第2章　哲学と宗教

(1)「キリスト（ギリシア語）」は「救世主」と訳されるが、「キリスト」とは、本来「聖油を注がれた者」を意味している。そしてこれは「王」を意味する。したがって、「キリスト」は、「救世主」のうちの「主」の意味をもつだけである。しかしキリストは宗教的な王であるから、やはり「この世を救う王」、つまり

「救世主」なのである。したがってここから見て、宗教が「救い」を特徴とすることはキリスト教において明らかである。そしてこれは、インドに生まれた仏教においても言えることだろう。なぜなら、仏陀はこの世を苦界と見なして、そこからの「解脱」を実現する教えなのであるから、やはり仏教においても宗教の特徴は「救い」だと言える。

（2）数年前、ローマの学生と一緒にいたとき、わたしは電車の切符を失くしてしまい、改札口でその経路を正直に申しでて料金を支払った。するとそれを見ていた彼は「本当のことを日本人は言うのか。イタリア人だったら、ぜったい考えられない」とびっくりしていた。

（3）仏教における悟りの真実をことばにすることは、もとより厳密にすることはできない。本文では、どの文脈でも、その文脈のなかで必要最小限のことばで述べておく。また真言密教には大日如来が、浄土教には阿弥陀仏が、「神」のように説明されている。この点で、これらの宗派の仏教性が疑われることがあるが、それらが神のようなものを持ちだすのは、人が悟り（自己の無の自覚ないし了解）に近づくための方便（道）とみなしておきたい。また、悟りの内容については、どんな場面でもこれだけ言っておけば絶対だ、という説明を求めることは、本来「絶対性」＝「実体性」を否定する仏教精神にもとる、ということもあり、ことばの上ではおおざっぱな説明にしかならないことは承知していただくほかない。

（4）クセノポン『ソクラテスの思い出』第一巻（一）。

（5）アスクレピオスの神は、医術の神とされている。

（6）プラトン『ソクラテスの弁明』三〇D、三一A。

（7）プラトン『パイドロス』二四七以下。

（8）ここで言うイエスは、言うまでもなく十字架で死んだイエスであり、キリスト教会が「神」とみなしたイエスである。このキリスト教会のイエスは、当時は「王」を意味した「キリスト」の名を冠して、イエス・キリストと呼ばれる。これに対して、宗教信仰の意味合いを切り離して、イエスという個人が歴史上存在した。この人間としてのイエスを見るとき、出身地がナザレと推測されるので、「ナザレのイエス」と呼ぶことになっている。

（9）キリスト教会一般の教義では、水を頭に滴らせる洗礼式に際して神への信仰を誓うことで、その信仰に対する神の応答としてその人の原罪が払拭されると考えられている。つまり背信的（神に対して背反的）であった心が神に向きなおることによって原罪が消える、と教えている。しかし洗礼も、誓い（決まった一定の文句が唱えられる）も、教会が指定する儀式にすぎない。儀式を尊重する教会としては、儀式によってこそ原罪が消えるという理屈だろう。

しかし、こころのはたらきの原点にあると言える原罪こそ、たとえばパウロを苦しめた元凶（罪を否定しようとしても罪が頭をもたげる）であり、一般的に人間において苦しみの元凶である。そうだとすれば、儀式によって原罪が消えるというのは、説得力があるのだろうか。なぜなら、罪の苦しみは当人の内なる意識における苦しみであり、元凶も意識のうちの何かであろうから。悔悛ないし罪の告白は、自分の犯した罪についての意識があって、そこからのみ生ずる。ところで、原罪を消す力は信仰にあり、信仰は、本来、内なる意識における何らかのはたらきでなければならない。そうであるなら、やはり当人の意識に起こる何かが、当人の原罪を消すと考えるべきであろう。しかも、原罪を消す力が意識の変化であるなら、それは意識とは切り離すことができる所作、すなわち儀式によって生ずるのではなく、まさに自分の犯した罪に対する意識から生ずる何かでなければならないと思われる。

（10）プラトン『ラケス』によれば、ソクラテスは敗戦の退避行動の最中にあって、ときの将軍が称賛する戦いぶりを示した。

（11）プラトン『ソクラテスの弁明』三四C。「自分の場合を思い出して、…多くの涙を流し、できるだけ多くの同情を勝ち得るために、自分の子どもを登場させ、またほかに家人や友人にも、多数出てもらって裁判する諸君に哀訴嘆願したのに、云々」、三八D「私が泣いたりわめいたり、諸君が聞きなれていることをしたり、言わなかったために（わたしは有罪になった）」。

(12)ソクラテスが裁判で負けた理由が何であったか、ということは、ここでの問題とは別に興味を惹かれることだろう。プラトンが書いた（記録した）『弁明』のみではたしかに不可解になるが、実際の弁明を聞かなかったクセノポンの『思い出』を読みあわせると、わかってくる。つまりもしも当時の裁判が、被告人（ソクラテス）本人の弁明によるのではなく、現代では一般的な、第三者（弁護人）による被告人弁論であったなら、ソクラテスはけして負けなかったであろう。たとえばクセノポンがソクラテスを弁護して弁明を行っていたら、弁明の内容は裁判官たちにとってもきわめて明快であったに違いない。実際、クセノポンの『思い出』の書きだしは、自分だったらこう言って弁論する、という内容になっている。すなわち、裁判の訴状は「ソクラテスは国家の認める神々を信奉せず、かつまた新しい神格を取り入れて罪科を犯している。また青年を腐敗せしめて罪科を犯している」であった。クセノポンはこの訴状が問題にしていることを、そのとおりの順番で弁護している。すなわちソクラテスが自分の家でも、国家公共の祭壇でも犠牲の祭りを行ったこと、占いを用いたことを指摘している。ソクラテスの神に対する日ごろの態度は、きわめて保守的（年寄りが凝りそうな内容）であった。その他、訴訟に対するクセノポンの回答は、きわめて明快である。したがってたしかに、クセノポンが言っているとおり、なぜソクラテスが死刑になったのか、ソクラテスの日ごろのようすを知っている人間なら不思議になる。ところが実際の弁明においてソクラテスは、訴訟が訴えている問題の順番を変えて、青少年の教育の問題から論じている。ソクラテスは自分ではこれが本当の弁明になると思ったのだろうが、ふつうの人間の耳には「わかりにくい」論を展開したとしか思われない。ソクラテスは、自分がソフィストたちと混同されていることが訴状の内容であると判断して、ひたすら「自分の哲学の根拠」を展開しているのである。そのために弁明が「わかりにくい」ものになったのはたしかである。つまりソクラテス自身には自明であっても、他人には不明な論になったのだと思われる。

(13)古代社会の人々が現代から見ると驚くべき記憶力をふつうにもっていたこと(現場で耳にしたことをそのとおりに記憶にとどめる能力)は、現代の文化人類学の成果から十分に推測できる。レヴィ・ブリュル『未開社会の思惟』参照。実際、プラトンの初期作品の多くが、対話の場にたまたま居合わせた人物が、自分の記憶を頼りに、ソクラテスの対話を語って聞かせる内容になっているし、クセノポンが『思い出』のなかで紹介しているソクラテスの対話も、一定の長さをもつ対話であって、あらすじを紹介するものではない。

(14)キリストには一二人の弟子がいたとされている。しかしこの数字は作為のある数字であり、一二というのは、ユダヤ民族の部族の数(一二部族)が根拠になっている。

(15)新約聖書のうちの使徒の手紙「コリントの信徒への手紙一」(15・3–5)のうちに伝えられている。「聖書に書いてある通りわたしたちの罪のために死んだこと、葬られたこと、また、聖書に書いてある通り三日目に復活したこと、ケファに現れ、その後十二人に現れたことです」。

(16)「マタイによる福音書」5・34。

(17)イエスが述べたことばは、聖書の新共同訳(ヨハネ8・11)では「わたしもあなたを罪に定めない。行きなさい。これからは、もう罪を犯してはならない」である。しかし、これはいささかもったいぶった語り口なので、実際にあったであろう状況に即して想像を含めて言い換えさせてもらった。

(18)石打の刑が科せられる姦通の罪は、結婚しているか結婚の約束がされているかのいずれかの女に対してしかない、というモーセの律法の理解が本当であるとすれば(申命記22・13–24を参照)、ここでの女もそういう娘であって、売春婦ではない。そうだとすれば、宗教裁判で判決の下った婚約者か人妻をファリサイ派の人々は連れてきたことになるだろう。しかしすでにローマの支配が実質的なものになっていた状況(イエスの処刑を申請にもとづき最終的に決めたのもローマの役人であった)で、当時の人々が、モーセの律法についてどれだけ厳密に解していたか疑わしい。単純に「姦通」は「姦通」として、つまりその女が、別の女と結婚していた男と性交渉をもったと、その場にいた男たちは理解したと考えるほうが、自然だと思われる。

(19)言うまでもなく、地理上の場所でも、空間的にどこか上方にある、ということではない。神の国の境界は、目には見えない霊的な境界でしかない。

(20)「マタイによる福音書」18・22。

(21)エックハルト「魂という神殿」『エックハルト説教集』田島照久編訳、岩波文庫、一九九〇年。

(22)「マタイによる福音書」5・3。ルカによる福音書では、「心の」という言葉が抜けて単純に「貧しいものは幸いだ」になっている。より単純なことばのほうが、ナザレのイエスのことばだと判断する解釈が多いが、わたしはこの意見には賛成しない。なぜなら霊的な存在である神が問題にするのは、ただ霊的な（心の）善悪美醜であって、貧富（財の多少）の差異ではないと考えるからである。

(23)キケロ『法律について』巻一（二二）。

(24)アウグスティヌス『三位一体論』第四巻第二一章（三〇）。

(25)アウグスティヌス『神の国』第一一巻第二六章参照。ここでアウグスティヌスは、わたしは欺かれても、その欺かれるわたしは存在するから、わたしはわたしが存在することに関して、欺かれないことは疑いがない、と言っている。アウグスティヌスは、この思索をアカデメイア派の疑念「欺かれていたらどうする」に促されて提示する。のちにデカルトは、アカデメイア派の懐疑に替えて自らの「方法的懐疑」を提示し、「われ思う、ゆえに、われ在り」と述べて、存在論の足がかりを得る。しかしそれでも神の存在を彼の哲学のどこかに前提しているように、アウグスティヌスもみずからの哲学（神学）が信仰に支えられた哲学であることを隠さない。すなわち、すぐあとに「かのわたしが愛するところのものも真実で確実であるから、それらのものが愛されるとき、それらのものに対する愛もまた真実で確実であることをだれが疑うであろうか」と述べている。この信仰は、プラトンが天界のイデアを信じて哲学したことと同様のことと思われる。
(26)プラトン『国家』にある有名な線分の比喩において(第六巻二〇)、原理がさらに遡及されることが述べられている。すなわち「仮説から出発して無仮説の始原へ」と言われている。すなわち、イデア論も仮説であって、吟味の対象となる。

第3章　キリスト教神学の形成

(1)当時は「新プラトン主義」の呼称はなかった。現代においてこの名で呼ばれている哲学はすべて「プラトン哲学」であった。また現代において新プラトン派と呼ばれている哲学者たちは、アリストテレス(ペリパトス派)も、ストア哲学の一部もとり入れていたので、「新プラトン主義」のもつ特性(存在を超える「一」の思想、その下位に置かれる「知性」、「霊魂」へと発出が起きて生じる流出論的一元論)以外の学説については、由来は、判然としない。
(2)アウグスティヌス『アカデミア派駁論』第二〇章(四三)。
(3)アウグスティヌス『秩序』第一七章(四六)「いかにしてかくも多くの悪が生じたのか」。
(4)「自由意志」(voluntas)ということばが「神の意志」の意味をもつことばから人間についても述べられることばに定着するのは中世を通じて最終的に一三世紀末である。一三世紀でも、神学において人間の意志は「自由思量」ないし「自由意思」(liberum aribitrium)と呼ばれるほうが、多かった。後者の用語はアリストテレスからの由来があるからである。註(6)参照。
(5)すでに註で述べたことであるが、その多くは、新プラトン主義を通じてアウグスティヌスに伝わった。
(6)アリストテレスに中世の「意志」の概念そのものを求めるのは時代錯誤である。ここでは、中世で使用された(前々註参照)「自由思量」がのちに「自由意志」に収斂していくことから、「自由思量」ということばを媒介にして関連をとらえる。すなわち、アリストテレス著『ニコマコス倫理学』によれば、まず目的は善であり、これに対する願望ないし欲求があると第一巻で規定している。第三巻で、「随意的」、および「選択」の言葉が検討され、選択は思量されてなされることがらであり、随意的であると見られ、結論として、選択は、「思量的欲求」によると見なされる（同巻第三章）。心理的問題の議論はあいまいさを含むが、ひとまずこの「思量的欲求」が中世の「自由意志」につながっていくと見ることができる。すなわち目的が善であり、目的に至るための手段に関して思量があるのであるから、アリストテレスにおいては欲求がどの段階においても何らかの意味で善とかかわっているとされていて、悪とのかかわりで説明されることはない。また『形而上学』第一二巻第七章で、「第一のものはつねに最善のものであり、すくなくとも類比的に最善のものである」、「愛されるものが動かすように、動かすのである。そして他のものは、動かされて動かす」と言われている。すなわち宇宙のすべての運動は、畢竟、第一のものを目的（善）と見て、他がそれを求めることにおいて起きている。したがってこの点においてもアリストテレスが悪を動因（目的因）として考えていないことは明らかである。

(7)アウグスティヌス『神の国』第一二巻第六〜八章参照。

(8)アウグスティヌス『自由意志』第二巻第一九章（五二）参照。

(9)ただしアウグスティヌスは、キケロから受け取ったプラトン哲学には傾倒しても、ストアには傾倒していない。ストア哲学は、その形体的なものへの執着（非形体的なものの存在の否定）があるゆえに、アウグスティヌスはむしろ嫌っていた。ストア派の始祖ゼノンについて彼はこう言っている。「ストア派の始祖であるゼノンは、プラトンが残し、当時ポレモンが主管していたあの学校へやって来たが、その時彼は何かほかの学説を聴聞してすでに信じていたのではないかと疑っている……魂は可死的であり、この感覚界以外には何ものも存在せず、この世界ではすべては形体的事物によってのみ動かされる——というのは、ゼノンは神自身さえも火であると考えていたから——と説いて……」（アウグスティヌス『自由意志』第三巻（三八））。ただし、キケロはストア哲学に関してつぎのような報告もしている。「第一に神が存在することについて、第二に神々がどのようなものかについて、第三に宇宙が神々によって管理されていることについて、第四に神々が人間界のことに配慮していることについて、ストア派は以上四つの論点を整理している」（キケロ『神々の本性について』）。この四つの論点はキリスト教神学に受け継がれている。

(10)アウグスティヌス著『ソリロキア（独白）』第二巻第一章。「存在するのでなければだれも生きない。そこできみの欲するものは、存在すること、生きること、理解することである」。

(11)アウグスティヌス著『秩序』第二巻第一八章。「哲学の問題は二つある。一つは魂に関してであり、もう一つは神に関してである。前者はわたしたちが自身を知るようにさせ、後者はわたしたちの根源を知るようにさせる」。

(12)プラトン自身は、泥や汚物を例に挙げている。『パルメニデス』(四)。

(13)プラトン自身は、形相のほかにいつもまた別の形相が、と言う。『パルメニデス』(六)。これを人間について述べたのはアリストテレス『形而上学』第一巻第九章。

(14)アンセルムス『モノロギオン』(一)。

(15)ただし、一切の存在を超越して「一」を主張しているのが「新プラトン主義」の哲学であった。この「一」は、動かないし、動かそうともしない。それゆえ、この「一」を意志をもつ神の存在に置き換えたのは、アウグスティヌスなどキリスト教神学者であった。

(16)アウグスティヌス『秩序』第二巻第九章。

(17)アウグスティヌス『至福の生』第四章（三五）。

(18)これを明確にしたのは、神を「無限な存在者」と規定したヨハネス・ドゥンス・スコトゥス（一三〇八年没）である。

(19)「摂理」を意味するラテン語は pro-videntia で、「前に・見ている」ことである。

(20)この問題についての神学者ヨハネス・ドゥンス・スコトゥスの回答は、八木雄二著『聖母の博士と神の秩序』第十章（二）「罪悪の世界」で紹介した。
(21)プラトン『ティマイオス』。
(22)アウグスティヌス『自由意志』第三巻第五章（一五）。
(23)アウグスティヌス『神の国』第一九巻第一四章、『自由意志』第三巻第二一章、「コリントの信徒への手紙二」5・7。神学者ドゥンス・スコトゥスは信仰をもつ人間を「旅人」（viator）と表現する。ドゥンス・スコトゥス『オルディナチオ（神と世界の秩序）』プロローグ第一部の唯一問題。
(24)八木雄二著『聖母の博士と神の秩序』第三章、第四章参照。
(25)アウグスティヌス著『秩序』第一巻第一〇章以下。
(26)同上、第二巻第五章。「こうして音楽においても、幾何学においても、星の運動においても、数の必然性においても秩序が支配している」。
(27)ポシディウス『アウグスティヌスの生涯』第二八章。

第4章　信仰と徳、さらにその先へ

(1)プラトン『ソクラテスの弁明』二八B–C。
(2)「コリント信徒への手紙」13・13。
(3)アウグスティヌス『自由意志』（正義とは……）。
(4)このような見方は、ヨーロッパではローマ帝国時代に流行ったようである。『哲学の歴史』第二巻、中央公論社。
(5)マタイによる福音書22・37–40。イエスは、神を愛することと隣人を愛することが律法の二本柱だと言っている。
(6)トマス・アクィナス著『神学大全』第一部第二九問題第三項第二異論回答。「喜劇や悲劇において表現されている人物はいずれも著名な人物であったゆえ、ペルソナという名称は、優位を占める一部の人々を表示すべく用いられるようになった。そこから、教会においても何らかの優位を占める者がペルソナと呼ばれる習慣が生じたのである」。

(7)たとえばクセノポン『ソクラテスの思い出』第四巻(三)。

(8)プラトン『ソクラテスの弁明』三六D。

(9)プラトン『ソクラテスの弁明』三八A。

(10)プラトン『ソクラテスの弁明』三七A–B。

(11)プラトン『ソクラテスの弁明』三七A。

(12)プラトン『ソクラテスの弁明』三二D。

(13)クセノポン『ソクラテスの思い出』第四巻(四)。

(14)クセノポン『ソクラテスの思い出』第一巻(二)四一–四六。

(15)クセノポン『ソクラテスの思い出』第四巻(四)一–九。

(16)クセノポン『ソクラテスの思い出』第四巻(四)九–一〇。同様に「考究すること」と「行い」「避ける」ことを区別している。同じくクセノポン著『ソクラテスの思い出』第四巻(八)四。

(17)クセノポン『ソクラテスの思い出』第一巻(六)。

(18)クセノポン『ソクラテスの思い出』第二巻(二)。

(19)同上。

(20)空海『三教指帰』序。

(21)道元『正法眼蔵』第二五「谿声山色」。

(22)八木雄二『神を哲学した中世』九八頁以下。トマス・アクィナス『神学大全』第一部第六三問題第一項第三異論回答。

読書案内

古代哲学全般に関して

内山勝利編『哲学の歴史1 哲学誕生――古代1』（中央公論社、二〇〇八年）、**同『哲学の歴史2 帝国と賢者――古代2』**（中央公論社、二〇〇七年）

かなり詳細だが、それでも読みやすくくふうされている。一般の哲学史の叙述がどういうものかはこれを読めば、十二分にわかるだろう。比較すれば本書が独創的で、一般的なものとはずいぶん違うこともはっきりするだろう。

プラトン『ソクラテスの弁明』（プラトーン『ソークラテースの弁明・クリトーン・パイドーン』田中美知太郎・池田美恵訳、新潮文庫、一九六八。プラトン『ソクラテスの弁明・クリトン』三嶋輝夫・田中享英訳、講談社学術文庫、一九九八年、など）

いくつかの出版社からいくつもの訳が出ている。新潮社文庫の田中美知太郎訳が読みやすいので、本書ではこれをおもに用い、引用に際しては文脈によって訳語を一部変えさせてもらった。翻訳は解釈がともなうのが変更の理由である。

クセノフォーン『ソークラテースの思い出』（佐々木理訳、岩波文庫、一九七二年）

本文では「クセノポン」、「ソクラテス」と表記した。人名の日本語表記の相違が読者に混乱を与えるかもしれないが「西欧の古代語なので」ということでご容赦願いたい。

第1章

八木雄二『古代哲学への招待』（平凡社　二〇〇二年）

パルメニデスとの関連、ソクラテスの問答については、すでにその特殊性をこの作品で指摘した。この作品を書いたころは、三種類の哲学流派の違いに気づかず、まだ理解不足の状態だった。

プラトン『饗宴』（久保勉訳、岩波文庫、二〇〇八年）

プラトンの神話がソクラテスの口を借りて語られる。神話はいささか珍奇でおもしろいとは思えないが、ソクラテスの人物像については貴重な報告になっている。

プラトン『ゴルギアス』（加来彰俊訳、岩波文庫、一九六七年）

当時はやりの弁論術に対して、真実の知を求める哲学の立場をはっきりさせようと、弁論術の覇者ゴルギアスとその弟子たちを相手にしてソクラテスが議論している。議論が始まるに際して対話のルールのようなものがソクラテスの口から述べられる。教育者プラトンを彷彿とさせる。

プラトン『プロタゴラス――ソフィストたち』（藤沢令夫訳、岩波文庫、一九八八年）

美徳の何であるかについての論はソクラテスが述べているように設定されているが、その矛盾の析出に用いられている手法（一方が他方と類似しているか、それとも一部が類似しているだけか、等々）は、ソクラテス的であるよりもピュタゴラス的（幾何学的）な印象を受ける。一方、本書で指摘した対話の進めかたについての論は、プラトン作品最初期の清々しさがあり、ソクラテスの問答がプラトンのなかでまだ生きていたことを感じさせる。

プラトン『国家』（上下、藤沢令夫、岩波文庫、一九七九年）

プラトンの主要著作であり、国家と正義についてのヨーロッパの基本概念がつくられた作品。プラトンの人間理解、政治体制、等々、長編だが、じっくり読むと勉強になる。

プラトン『パイドロス』(藤沢令夫、岩波文庫、一九六七年)

プラトン哲学の素顔が語られている、という印象を受ける。白熱する議論が交わされる作品ではない。そのため専門家の議論の俎上にはあまり乗らないが、プラトン哲学の本質を知るうえでもっとも近道となる作品だろう。

プラトン「ソピステス」(藤沢令夫訳、『プラトン全集3　ソピステス・ポリティコス(政治家)』岩波書店、一九七六年)

哲学の技術と浄化の関係が述べられている。まさにピュタゴラス教としてのプラトン哲学を読みとることができる。

プラトン「パルメニデス」(田中美知太郎訳、『プラトン全集4　パルメニデス・ピレボス』岩波書店、一九七五年)

イデア論がもっている問題が総ざらいされている。プラトン哲学の論理の総ざらいでもある。この作品がおもしろく読めれば、哲学書の読解は容易になるだろう。

アリストファネス『雲』（高津春繁訳、岩波文庫、一九七七年）

喜劇作品としては駄作としても、また伝わっているものが不完全なかたちでも、ソクラテスを登場させた当時の作品が伝わっているという事実は、すごいことである。そして著名な喜劇作家によってこの作品が書かれた（紀元前四二三年初演）ということは、ソクラテスが四十代半ばには、その問答が庶民のあいだで広くうわさになっていたことを証明している。

レヴィ・ブリュル『未開社会の思惟』（上下、山田吉彦訳、岩波文庫、一九五三年）

古代の人たちの記憶力が現代人には想像できないほどのものであったことが、現代の文化人類学の研究から見えてきて興味深い。またプラトンのイデアの「分有」という概念も、案外未開社会の思惟に共通する観念かもしれないことを示唆している。

井上忠『パルメニデス』（青土社、二〇〇四年）

残されたパルメニデスの詩の断片の詳細な註をつけた訳文。原文に忠実に、華麗な訳がなされている。

アリストテレス『形而上学』（上下、出隆訳、岩波文庫、一九五九―一九六一年）

第一巻が哲学史で、四原因が検討され、第四巻で一〇個の範疇のいくつかが検討されている。

アリストテレス『アリストテレス全集3　自然学』（出隆・岩崎允胤訳、岩波書店、一九六八年）

中世の若者を夢中にさせた作品である。中世の自然科学の基礎理論が、運動についての哲学的吟味そのものであったことがわかる。

キケロ「トゥスクルム荘対談集」（『キケロー選集12　哲学V』木村健治・岩谷智訳、岩波書店、二〇〇二年）

キケロが真剣にギリシア哲学の要点をラテン世界に紹介する作品である。プラトン派としてのキケロの立場はしっかりしており、他方、対立する哲学諸派を丁寧に説明している。

柄谷行人『哲学の起源』（岩波書店、二〇一二年）

帝国制度と自由についての独自な視点から初期のギリシア哲学について興味深い分析をしている。

エピクロス『エピクロス――教説と手紙』（出隆訳、岩波文庫、一九五九年）

おもにディオゲネス・ラエルティオス『哲学者伝』第一〇巻と、近年発見された断片をあわせた翻訳と註である。孔子の『論語』と比較して古代ギリシアの良識を知るのも、おもしろいはずである。

第2章

山我哲雄『キリスト教入門』（岩波ジュニア新書、二〇一四年）

キリスト教の全般にわたってたいへんわかりやすく、そのうえ案外に詳しく信頼できる説明を読むことができる。

『聖書』 創世記1―2章、出エジプト記、マタイによる福音書、マルコによる福音書、ルカによる福音書、ヨハネによる福音書8章、コリントの信徒への手紙一15章。

聖書はかなり大部の作品なので、読みとおすのはむずかしい。いくつか選ぶほかないにしても、ここに挙げたものははずせないだろう。翻訳は一番入手しやすい新共同訳（日本聖書協会）でよいと思う。

菅野覚明『神道の逆襲』（講談社現代新書、二〇〇一年）

日本神道なるものが、どういうものか、ひとつの立場から書かれているのであろうが、それでも全体が想像できる。

前田英樹『日本人の信仰心』（筑摩選書　二〇一〇年）

稲作民族文化の思想について戦後農民となった保田與重郎という思想家の文章を契機として論じている。

本居宣長「直毘霊《なおびたま》」（『直毘霊・玉鉾百首』村岡典嗣校訂、岩波文庫、一九三六年／一九八九年）、**同「玉くしげ」**（『玉くしげ・秘本玉くしげ』村岡典嗣校訂、岩波文庫、一九三四年／一九九三年）

言うまでもなく江戸時代の教養人の文章なので古典の範疇に入るが、中国風の理解を「漢意《かんごころ》」と呼んで否定し、本来の日本の国風の思想こそが真実だとする思いが直截に述べられている。

佐々木高明『日本文化の多様性――稲作以前を再考する』（小学館、二〇〇九年）

日本文化を単純に稲作文化と見てしまうことに対して、畑作、狩猟、などの重要性を、遺跡に見いだされる史実を用いて論じている。

阿刀田高『ギリシア神話を知っていますか』（新潮文庫、一九八一年）

ギリシア神話は断片的にしか知らないことが多い。この作品はギリシア神話について原話から離れすぎず、原話の読みづらいところを補ってくれている。日本人にとってはきわめて助かる入門書。有名な美術作品のテーマとも関連づけられることで、あらためてギリシア神話について新鮮な味わいが得られる。

アウグスティヌス「自由意志」（『アウグスティヌス著作集3　初期哲学論集3』泉治典訳、教文館、一九八九年）

本文第3章に書いたように、キリスト教神学についての主な功績が、この作品に詰まっている。

キケロ「法律について」（『キケロー選集8　哲学Ⅰ——国家について・法律について』岡道男訳、岩波書店、一九九九年）

ローマの元老院政治家キケロによるプラトン哲学の紹介となっている。人間は神と理性を共通にもっている、という立場、そして理性＝法、という立場でキケロは論じている。

トマス・アクィナス『神学大全』（トマス・アクィナス『神学大全』全四五巻・三九冊、高田三郎・山田晶・稲垣良典他訳、創文社、一九六〇-二〇一二年。同『神学大全』（抄）Ⅰ・Ⅱ、山田晶訳、中公クラシックス、二〇一四年）

中世スコラ哲学の代表作品である。とりあえず第一巻の書きだしをのぞくだけでもよい読書経験になる。

鯖田豊之著『肉食の思想――ヨーロッパ精神の再発見』（中公文庫、二〇〇七年）

統計的資料まで駆使してヨーロッパの本物の肉食文化を明らかにしたうえでヨーロッパの思想全般について見直す画期的な研究。

エックハルト『エックハルト説教集』（田島照久編訳、岩波文庫、一九九〇年）

神秘主義的作品は詩的な飛躍をもつものだが、一節でも読んでそれを知るのは中世の豊かさを知る上で大切なことだろう。

アウグスティヌス『神の国』第一一巻-第一四巻（『神の国3』藤本雄三訳、岩波文庫、一九八三年）

岩波文庫五巻中、第三巻のなかにアウグスティヌスの神学を知るための基本要素を読みとることができる。

第3章

水地宗明・山口義久・堀江聡編『新プラトン主義を学ぶ人のために』（世界思想社、二〇一四年）

新プラトン主義について新知見を交えて広い視野から多くの専門家が説明してくれている。

アウグスティヌス「アカデミア派駁論」「至福の生」「秩序」「ソリロキア（独白）」（『アウグスティヌス著作集1　初期哲学論集1』清水正照訳、教文館、一九九七年）

本文で言及した箇所でも示されたように、アウグスティヌスの理解を求める信仰（神学）の成り立ちを知ることができる作品群である。

アンセルムス「モノロギオン」（『アンセルムス全集』古田暁訳・註、聖文舎、一九八〇年）

新プラトン主義の哲学を背景にした善なる神の存在証明が展開されている。第一の善にもとづいてのみ、諸善があるということをくりかえし説得する神学の祖型を見ることができる。

アンセルムス「プロスロギオン」（同前）

有名な神の存在証明が出てくる。また作品は祈りで始まるが祈りの最後に、「信じてこそ真なる理解がある」（＝理解するために信じる）というアウグスティヌス神学の基本命題が明示されている。

八木雄二『聖母の博士と神の秩序――ヨハネス・ドゥンス・スコトゥスの世界』（春秋社、二〇一五年）

スコトゥスにおいて、自然学の真理と道徳学の真理がそれぞれどのように考えられていたか、第三章から第七章までに論述した。

八木雄二『天使はなぜ堕落するのか――中世哲学の興亡』（春秋社、二〇〇九年）

哲学に関して、ヨーロッパ中世が実際には大きな動きがあった興味深い時代であることを書いた。

八木雄二『神を哲学した中世――ヨーロッパ精神の源流』（新潮選書、二〇一二年）

中世のキリスト教神学のいくつかの側面、科学的側面、修道士の高踏的側面、一般社会の商業経済研究の側面などを紹介した。

セネカ「恩恵について」（『セネカ道徳論集』茂手木元蔵訳、東海大学出版会、一九八九年）

日本も中国から「忠と孝」の道徳を学んだ。家族における親に対する「孝」の徳が、国における王に対する「忠」の徳につながる。これとほぼ同様の道徳観が、ヨーロッパにおける「恩恵と感謝」の道徳の背景にある。親の恩恵に応えるのが「孝」であり、王の恩恵に応えるのが「忠」である。そして、王に対する忠義の徳が、神がつくる正義に対する「信仰」・「敬神」の徳に自然につながっている。道徳論は、時代による変化が少ないものであるために陳腐な論に思われがちであるが、東西の思想の比較を通じて、こういうことを思い起こさせてくれる。

第4章

八木雄二『イエスと親鸞』（講談社選書、二〇〇二年）

イエスと親鸞についてはこの作品を書く過程で基本的解釈を得た。

八木雄二『ソクラテス、なぜあなたはアテナイを出ないのか』（丘書房、一九九一年、絶版）

授業講義の参考書として自費出版した。ソクラテスと友人たちが談論するようすを脚本風に書いたもの。拙いものだが、本当の「ソクラテス」を発見して、自分の想像力にまかせて書いた。いつか修繕を加えて出しなおしたいと思っている。

高村薫『空海』（新潮社、二〇一五年）

本文に引用した章句（「谷不惜響明星来影」）が『三教指帰《さんごうしいき》』という空海の著作（の序）にあることを知ったのは、この本を通じてであるし、空海について知りうることがらの全体を非常にわかりやすく教えてくれた。なお『三教指帰』は、『日本の名著3　最澄・空海』（責任編集・福永光司、中央公論社、一九八三年）に原文と現代語訳がある。三教とは、儒教と道教と仏教のこと。若い空海がそれらすべてを学び、仏教がなかでもすぐれていると考えたことが明快に示されている。鎌倉期とは異なる日本における仏教初期の精神文化の状況を知ることができる。

道元『正法眼蔵』第二五「谿声山色」（『原文対照現代語訳　道元禅師全集第一巻　正法眼蔵1』水野弥穂子訳注、春秋社、二〇〇二年）

本文に引用した章句は、道元が中国（宋）の仏祖と知る蘇軾のことば。道元は、それについてこの作品で解説している。

おわりに

よく知られている事実だが、ソクラテスは、他の偉大な人々——たとえばナザレのイエスや釈尊——と同じように、自身では書いたものを残さなかった。この事実について、なぜ自分では書かなかったのかという疑問は挙げられても、もうひとつの事実、すなわち著作がないにもかかわらず「多くの言葉」が現代にまで残されてきた事実の意味は、あまり考えられてこなかった。プラトンやアリストテレスが多くの作品を書いても、その本人が偉大さにおいてソクラテスを超えたとは知られていない。

しかし考えてみれば、どれほど多くの作品を書いたとしても、著者の本当の姿がそれだけ多く見えるわけではなく、むしろ著者をベールにつつむだけではなかろうか。作品がすごいと、その作者は普段の生活においてもすごい人に違いないと多くの読者は考える。作品が崇高だと、作者も崇高であると思ってしまう。

だが、本当にそうだろうか。

プラトンが書いた作品はかなりの数が現代に伝わっているし、内容についても、おそらくはかなり正確にプラトンが実際に書いたものを読むことができるが、プラトンが実際にどんなひとであったのか、ほとんどわからない。プラトンについての第三者の意見があまり残されていないからである。直弟子であったはずのアリストテレスにしても、プラトンの学説を批判する意見は残しているが、プラトンの人となりをほとんど伝えていない。その理由をあえて推察すれば、アリストテレスから見て、プラトンの哲学は十分に偉大であったが、人格は異なる印象をあたえるものだったからではなかろうか。

それに対して、ソクラテスのことばを伝えているのはすべて第三者であって、本人ではない。本人の「ことば」が第三者によってわざわざ書き伝えられるのは、第三者に確かな印象を与える十分な背景があるからに違いない。「口先だけの立派なことば」が、第三者によって伝えられるとは考えにくい。本人のことばが第三者によって伝えられるのは、それを口にした当人の実際生活に「真実の姿」があって、そのひとの生活実践がしっかりと本人のことばを裏打ちしているときだけだろう。現実の姿が第三者の心に本人のことばの真実さを強く印象づけ、忘れがたいものにするからに違いない。

ソクラテスは貧乏であったにもかかわらず、それを嘆いていなかった。むしろ自分こそ本当の幸せを知っているし、それを人に教えなければならないと考えていた。

ソクラテスの貧乏な生活、粗末な食事、粗末な服、その貧乏っぷりは「奴隷ですら逃げだすだろう」と言われていたのだから、現代人の想像を絶するものであったに違いない。それでも幸福を語るかれのことばに「真実味」があったからこそ、プラトンもクセノポンも、かれのことばを伝えているのである。
わたしたちは、その意味を、どれだけ忖度することができるだろう。

平成二十六年、初夏の新緑を前に

八木雄二

八木雄二 *Yuji Yagi*
1952年、東京生まれ。慶應義塾大学大学院哲学専攻博士課程修了。文学博士。専門はドゥンス・スコトゥスの哲学。現在、清泉女子大学ほか非常勤講師、東京港グリーンボランティア代表。東京キリスト教神学研究所所長。著書に『スコトゥスの存在理解』(創文社)、『イエスと親鸞』(講談社選書メチエ)、『中世哲学への招待』『古代哲学への招待』(平凡社新書)、『「ただ一人」生きる思想』(ちくま新書)、『天使はなぜ堕落するのか——中世哲学の興亡』『聖母の博士と神の秩序——ヨハネス・ドゥンス・スコトゥスの世界』(春秋社)、『神を哲学した中世——ヨーロッパ精神の源流』(新潮選書)など。訳書に『中世思想原典集成』(共訳、平凡社)など。

哲学の始原
ソクラテスはほんとうは何を伝えたかったのか

2016年7月26日　第1刷発行

著者————八木雄二
発行者————澤畑吉和
発行所————株式会社 **春秋社**
〒101-0021 東京都千代田区外神田2-18-6
電話 03-3255-9611
振替 00180-6-24861
http://www.shunjusha.co.jp/
印刷所————株式会社 太平印刷社
製本所————黒柳製本 株式会社
装丁————本田　進

ISBN978-4-393-32367-0
定価はカバー等に表示してあります